校园心理剧实践及剧本精选

田晓莉　等◎著

安徽师范大学出版社
ANHUI NORMAL UNIVERSITY PRESS
·芜湖·

图书在版编目(CIP)数据

校园心理剧实践及剧本精选 / 田晓莉等著. — 芜湖:安徽师范大学出版社, 2024.3
ISBN 978-7-5676-6671-9

Ⅰ. ①校… Ⅱ. ①田… Ⅲ. ①心理卫生—健康教育—中小学—教学参考资料 Ⅳ. ①G479

中国国家版本馆CIP数据核字(2024)第047817号

校园心理剧实践及剧本精选
田晓莉 等◎著

责任编辑: 吴俊瑶　　责任校对: 舒贵波
装帧设计: 王晴晴　张　玲　　责任印制: 桑国磊
出版发行: 安徽师范大学出版社
芜湖市北京中路2号安徽师范大学赭山校区　　邮政编码:241000
网　　址: http://www.ahnupress.com/
发 行 部: 0553-3883578　5910327　5910310(传真)
印　　刷: 苏州市古得堡数码印刷有限公司
版　　次: 2024年3月第1版
印　　次: 2024年3月第1次印刷
规　　格: 700 mm × 1000 mm　1/16
印　　张: 15.5
字　　数: 229千字
书　　号: ISBN 978-7-5676-6671-9
定　　价: 59.80元

前　言

20世纪80年代中期，心理剧作为一种心理治疗方法被我国引入；我国心理咨询领域的专家学者了解后开始实践，先后将心理剧理论与技术应用在大中小学心理健康教育实践中。

校园心理剧因其独特魅力，越来越受到学校心理健康教育工作者和学生的喜爱，且被许多大中小学尝试、接纳，并在逐步地推广。借着心理剧在校园发展的这股“东风”，郑州市管城回族区心理健康教育教研团队率先在市区小学大胆尝试运用校园心理剧对学生进行团体心理辅导，效果显著，并得到郑州市教育局教研室心理健康教育教研员尚新华的高度评价。近年来，校园心理剧在管城回族区中小学校园的推广和普及，为学生提供了同伴心理互助平台，营造了一种心理自助和互助的氛围，让学生在活动中学习心理健康知识，学会调适心理状态、舒缓心理压力、解决心理问题，达到了“润物细无声”的教育效果，对推进学校心理健康教育工作起到非常显著的作用。

通过近几年来的校园心理剧理论学习与实践探索，我们积累了一些在学校开展校园心理剧进行团体心理辅导的经验，并及时进行了总结，先后在河南省郑州市心理学科会议以及全国心理健康会议上分享经验，也为本书的出版奠定了基础。

本书分为校园心理剧实践和剧本精选两编。第一编包含两个章节，分别为校园心理剧的理论研究和校园心理剧的实践探索。第一章对校园心理剧的有关理论进行简要介绍，通过整理将有助于校园心理剧发展的指导性内容摘录出来，并与我们在实践过程中的感悟和心得进行深度融合。第二章主要是管城回族区中小学在校园心理剧上的实践探索。管城回族区教研室组织的几届校园心理剧展演活动，为本书提供了翔实的资料，其中有老师们对校园心理剧编写的探索，有师生们在心理剧编排过程中的心得，以及孩子们在心理剧表演过程中获得的成长经验。第二编分为四篇，主要是近几年来管城回族区中小学自编自创的优秀心理剧剧本。

本书对校园心理剧在学校团体心理辅导中的具体应用做了一些探索和研究，希望能够对校园心理剧的发展起到一定的推动作用。

本书由田晓莉、袁印霞、郑慧霞、王如南合著。由于笔者的能力有限，难免存在不足和疏漏之处，恳请各位专家和老师能提出宝贵的意见和建议，在此表示诚挚的感谢！

目　录

第一编　校园心理剧实践

第二编　剧本精选

第一编　校园心理剧实践

第一章　校园心理剧的理论研究

第一节　校园心理剧的概念和特点

一、校园心理剧的概念

什么是“校园心理剧”？在不同的场合提出这个问题，答案会有所不同。学术界和实践界对这一新的心理健康教育形式有着不同的认识，笔者综合了国内外对心理剧的几种代表性定义后认为，校园心理剧是一种团体心理治疗方法，它是教师、家长等以表演和分享讨论的方式解决学生在成长过程中出现的问题的一种教育形式。校园心理剧吸取小品、戏剧的特点，融入音乐、舞蹈、美术等元素，将校园中青少年学生典型的心理问题移至舞台，让参演者和观众在自发的、和谐的、轻松的状态下获得教育和启发。

二、校园心理剧的特点

校园心理剧这一心理辅导形式符合中小学生的性格特点，与简单生硬的说教相比，更容易被学生们所接受，其主要特点如下。

（一）强调在“做”中去感悟

校园心理剧让学生们亲身去体验一些矛盾和冲突，亲身感受内心的挣扎和情绪的波动。这促使他们反思自己身上和剧中角色身上类似的问题，从而让他们更好地认识自己的内心，去探寻最佳的适合自己的解决方法。这也就是教育者们所提倡的“在做中学”，学生们亲身体验后印象才更为深刻。由此，笔者想起了现在的一个教育理念：告诉我，我会忘记；做给我看，我会记住；让我参与，我就会完全理解。

（二）将美术、音乐、灯光等多种元素融入舞台表演

笔者认为，校园心理剧可以将美术、音乐、灯光等多种元素整合起来，这些具象的呈现方式可以唤醒主角在事件发生时的真实情感。所以说校园心理剧中的肢体语言、情景布置等非语言信息，是以口语为主要交流方式的常规心理咨询所不具备的。

（三）相信学生的自发性和创造力

自发性与创造力是校园心理剧的灵魂。自发性是在当下、现时、当场发生的；它触发个人对一个新的情境做出适当的反应，或是对一个旧的情境做出新的反应。自发性是一种能量，也是创造活动的催化剂。只有自发性非常高时，创造力才会出现。当学生面临问题时，我们要相信他们有能力自己解决问题。

第二节　校园心理剧的构成要素

心理剧有五个构成要素，分别是导演、演员、协助者、观众和舞台。而校园心理剧是在心理剧基础上发展的，它继承了心理剧里的要素。一个完整的校园心理剧也包括五个基本要素，分别是心理辅导教师、主角（问题的呈现者）、配角、观众和舞台。

一、心理辅导教师

心理辅导教师在校园心理剧中扮演着极为重要的角色。对于学生而言，尤其是小学生，校园心理剧的剧本创作大多离不开教师，且学生年龄越

小，对教师的依赖性就越强。作为校园心理剧的策划者、组织者，心理辅导教师需要统筹校园心理剧的各项事宜，并在学生解决关键问题时进行点拨。在心理剧的排练过程中，心理辅导教师需要细心指导，对学生们的表演技巧和团队合作等提出建议。

特别是在校园心理剧分享阶段，心理辅导教师需要利用自己丰富的知识和经验，指导表演者们和观众关注校园心理剧中角色呈现出来的问题，分析并认识问题的本质，进而让学生学会正确处理类似的问题。

二、主角（问题的呈现者）

主角是校园心理剧演出的主要人物，是剧中最重要的角色。主角的主要任务是通过一系列情景，将角色的特点淋漓尽致地展现出来，从而让观众包括演员自己看到问题的根源，并试图去找到解决问题的办法。

在校园心理剧中，因为主角是心理剧里最重要的要素，他可以自己挑选需要的配角，并对其他参演成员的表演提出自己的建议，甚至可以拒绝其他参演成员的建议，所以主角有一定的自主权利。当配角的台词或者动作不到位时，主角可以把意见反馈给配角，帮助他进行修正。

三、配角

配角也称辅助角色，是校园心理剧中必不可少的要素。在一个校园心理剧中，正是因为配角的存在，才让主角的世界变得更充实、更丰满、更具体，才更能推动剧情的发展，从而更好地暴露剧中的矛盾焦点和冲突，为达到更好的教育效果奠定基础。

另外，通过扮演校园心理剧中的人物，配角也可能会察觉到自己身上存在类似的问题，从而获得感悟和成长。

四、观众

校园心理剧中的观众有三大主体：学生，家长和教师。他们虽然不直接参加排练演出，但是在演出的过程中，也有可能被邀请上台，参与到有些辅助角色的扮演当中。

观众的主要任务不仅是在台下观看，在演出结束后，他们还参与分享的过程，把自己从剧中领悟出的东西，比如自己类似的经历、类似的心理体验等分享给大家，从而大家共同探索更多更好的解决问题的办法。这个分享的过程也是处理心理问题并获得心灵成长的过程。

五、舞台

舞台是校园心理剧的活动场所，它往往借助场地和道具，让演员发挥自己的想象能力，通过肢体动作、语言等，使剧中的故事顺利演绎。很多道具基本上只是象征性的，比如几张课桌、椅子代表的场所是教室。

校园心理剧就是通过心理辅导教师、主角和配角的相互合作，使一部心理剧在一定的时间、空间范围内得到成功演绎，让演员和观众看到剧中存在的矛盾冲突，进而反思自己，并探索解决问题的办法，使参与者都能获得心灵上的成长。

第三节　校园心理剧与其他剧种的关系

心理剧、课本剧、小品这三类有很多相似性的剧种，很多时候容易被混为一谈。特别是在近几年来，为了强化学生对知识的掌握，语文学科教师经常举办课本剧比赛。课本剧能够模仿的内容很多，像童话剧、歌舞剧等，只不过课本剧需要紧密联系教材。小品是大众皆知的娱乐项目，在小学少先队活动中，小品呈现次数较多。校园心理剧既不同于一般意义上的心理剧，又不同于课本剧和小品，弄清楚校园心理剧与这三类剧种的关系，有助于理解校园心理剧的实质。

一、校园心理剧和课本剧的关系

校园心理剧与课本剧有一些相似的地方，如都要通过人物的对白、动作、表情等来展现剧中矛盾的起因、发展、高潮和结局；一切都要围绕矛盾冲突展开，还要求有一定的舞台背景、灯光、音效等。但校园心理剧毕竟不是课本剧，它有不同于一般课本剧的地方：第一，关于人物角色，校园心理剧的人物角色一般都来自学生，而课本剧中的人物角色来自文艺作品；第二，关于内容，校园心理剧的内容大都源于学生们的学习和生活，与学生们实际生活的联系更加紧密，而课本剧的内容大都源于教材。

二、校园心理剧和小品的关系

要充分发挥校园心理剧的辅导功能，还应在实践中努力体现其有别于一般小品表演的几个特点。小品作为一种艺术形式，它源于生活，但又高于生活，有时为了达到戏剧化的效果，甚至可以让人物角色脱离实际，而校园心理剧源于学生们的学习和生活，要反映他们学习和生活中的真实情况，不能为了演而演。从本质上说，校园心理剧是一种团体心理辅导形式，为的是对学生们起到辅导和教育的功能。校园心理剧的内容与他们的生活越贴近，发挥的作用就越好越充分。

三、校园心理剧和心理剧的关系

校园心理剧是在心理剧的基础上发展起来的，心理剧更侧重于事后的治疗，而校园心理剧侧重于预防，适合于较浅层次的心理问题，是比较宽泛的心理健康教育。从导演来说，心理剧的导演一般是经过严格训练的心理剧治疗专业的人，而校园心理剧的导演一般是由学校的心理辅导教师担任。心理剧是没有剧本的，重在让参与者获得感受、启发和成长，而校园心理剧一般有剧本的创作，参演人员的排练、演出，分享自己感受等过程。

第四节　校园心理剧的常用技术

校园心理剧是通过各种心理剧技术，将主角在剧中所面临的困惑展现在舞台上，以立体的方式让主角、心理辅导教师以及所有的观众都能如身临其境般地感受到。主角通过演出，走进自己的内心，感悟自己的心灵，探索自我，并且还运用心理剧的观众技术，让所有观众如身临其境，产生心理体验。下面就来谈谈校园心理剧中的几种常用技术。

一、角色扮演技术

角色扮演是一种使人暂时置身于他人的社会位置，并按这一位置所要求的方式和态度行事，以增进对他人社会角色及其自身原有角色的理解，从而学会更有效地扮演自身角色的社会心理学技术。这一技术最初是心理学家莫雷诺于20世纪30年代为心理治疗而创建的。最初的角色扮演是莫雷诺首创的"心理剧"，主要是以个人为中心，探讨个人的内心世界，偏重研究个体的人格；后来发展为"社会剧"，主要以团体为对象，目的在于了解及解决个体在团体内的生活问题，偏重于团体成员相互间的人际关系。

角色扮演技术的方法有许多种，如哑剧表演、角色互换、比较法、"空椅子"法。下面主要介绍一下角色扮演中最常使用的"空椅子"法。

"空椅子"法指的是当求助者诉说自己与他人的冲突时，辅导者让求助者坐在一把椅子上，而另一把空椅子则假设坐着那位与他冲突的人，由该求助者面对其发言。等求助者说出了自己的心里话后，辅导者指示他再坐到另一把椅子，扮演与他冲突的那个人来回答他自己提出的问题，通过这样的练习，求助者可以详尽地理解他人的想法与情感，从而加深对他人的理解。经过反复地练习和巩固，练习者将习惯于用这样的思维方式了解自己的人际交往情况，提高人际交往能力。

二、替身技术

替身技术指的是配角站在主角身后与主角同台演出，或者代替主角说话，这个配角就是“替身”。替身通过扮演主角进入主角的世界中，体验主角的感受、想法和内在语言。替身技术可以协助主角把没有体会到的感受表达出来，帮助主角觉察内心活动。替身是带出主角情绪非常有效的方法。

一般地，替身站在主角背后，稍微靠边一些，与主角保持大约30°角的位置。这个角度可以帮助替身在不干扰主角情绪的前提下观察和模仿主角，增加替身对主角的认同感。

三、镜子反映技术

镜子反映技术，即让另一演员来代表冲突中的主角，模仿主角的行为，这样可以使主角认识到其他人是如何看待自己的，了解自己的行为有哪些不当之处，认识到别人是多么不能接受自己的行为。主角通过亲自观看场景，可以更客观地认识自己、评价自己。

需要注意的是镜子反映技术应该谨慎使用，如果使用不当，会让主角有被人嘲笑和愚弄的感觉，教育效果有时会适得其反。心理辅导教师必须能烘托一个适合使用该技术的氛围，配角也要能适时地把握好“度”，说话不宜过多。

四、独白技术

独白也是校园心理剧常用的技术。一般导演会让主角在剧场中慢慢地走动，边走边说。主角可以想象很多事情发生以后，自己在一个特定的场景中说出自身的感受和想法。内容上通常是给自己建议、鼓励或者是自责。有时候是回忆一件让自己印象深刻的、对自己影响比较大的事。例如，心理辅导教师对主角说：“明明，现在想象自己是一只鹦鹉，你想对自己说什么呢？”明明就开始绕着舞台慢慢地边走边说：“你刚才做的错事，我知道你不是故意的……我知道你是个善良的孩子……”

五、绘画艺术治疗

绘画艺术治疗是表达性艺术治疗的方法之一，是让绘画者通过绘画的创作过程，利用非语言工具，将混乱的内心、不解的感受转变为清晰、有趣的状态。可将潜意识内压抑的感情与冲突呈现出来，并且在绘画的过程中得到释放与疏解，从而达到诊断与治疗的效果。通过绘画分析我们可以了解一个人的内心世界，确定一个人的情绪和人格特征、内部心理状态，甚至还能看出绘画者的人生经历。

第五节　校园心理剧的流程

校园心理剧是把独白、角色扮演、镜子反映等技术融合在心理剧中，通过演员们在舞台上的表演和展示，让演员和观众产生共鸣，从而起到团体教育的作用。

校园心理剧是发生在校园里的团体心理辅导形式，有着它独特的呈现过程。目前，在很多的资料和简介中，大家比较认同的校园心理剧活动过程都包含了准备阶段、演出阶段、分享阶段以及校园心理剧结束后的审视阶段四个部分。

一、准备阶段

这一阶段的主要任务是了解学生的心理需要，选择校园心理剧的主题，编写校园心理剧剧本，确定角色的扮演者，进行演出前的演练。很多小学在这个方面的工作主要是通过以下几个有效途径获取的。

学校的心理辅导室往往是学生进行心理辅导的重要场所。很多学校在创建心理辅导室的同时还设立心理辅导信箱或心理咨询热线，打消了部分学生不愿进心理辅导室的顾虑，为教师的辅导工作提供了多条途径。教师对学生提供的心理问题进行分类，把一些共性的问题通过校园心理剧的方式进行团体辅导。当然，如果个案典型问题比较多，也可以针对性地进行编剧辅导，从而收集到具有代表性的学生心理问题。

具体来说，校园心理剧题材包括与学业有关的问题，如害怕考试、厌学、逃学和学习困难等；与人际交往有关的问题，如孤独、自卑、社交恐惧症等；与自我意识有关的问题，如自我认知失调等。当然还有其他问题。

在题材确定之后，就需要动手去创作了，一般小学三年级及三年级以下学生的剧本由心理辅导教师来创作，三年级以上学生的剧本一般可以先由创作小组的成员集体创作，然后由心理辅导教师修改，直到大家都感觉满意为止。

在校园心理剧的准备阶段，心理辅导教师还需要根据校园心理剧的主题和内容确定各角色的扮演者，一般由学生自由选择所要饰演的角色，也可以由心理辅导教师根据剧本的角色特点、学生的特征及二者的匹配程度来确定。

二、演出阶段

这一阶段的主要任务是教师指导扮演者创造性地把角色展现在舞台上，包括人物的内心体验和挣扎，让观众有身临其境之感。此外，教师还要指导观众认真观看，适时地记录下自己的感悟，以便在分享时使用。

校园心理剧在排练过程中，剧本会随着演员们的感悟而即时做出调整，一部剧本的最终成形经历了排练、争论、修改，再排练、再争论、再修改的反复的过程。即便是第二天要正式演出了，今天可能还在修订剧本当中。

在正式演出时，为了增强演出的效果，需要对舞台进行精心布置，比如灯光的明暗、音乐的变换、道具的更替等，以烘托出演出所需的氛围，更好地演绎剧中的故事，衬托角色的内心情感。

三、分享阶段

在分享阶段，心理辅导教师要组织学生分享观看感受，通过讨论，消除学生们存在的困惑。为了使分享阶段顺利进行，心理辅导教师可以事先准备一些跟校园心理剧有关的核心话题，这些话题有助于理解剧中的故事情节。最好这些话题都是开放性的，让大家都有话可说。

在分享阶段，不用太在意学生表达能力的强弱，最重要的是鼓励学生大胆地说出自己的感受和看法，达到一种共鸣。即便有不同的意见和建议，也不要评价、不要批评。有时候学生们表达的过程就是情感发泄的过程，甚至是自我治疗的过程。心理辅导教师要相信每个学生都有自我成长的能力。

四、审视阶段

在审视阶段，心理辅导教师及演员们要对已经结束的校园心理剧进行反思、回顾、评价和分析，如评价演员们的表现，对不足之处进行记录，以便下次再进行改进；分析校园心理剧的教育效果是否达到预期目标，并根据效果对剧本进行再次修正等。这一阶段主要是校园心理剧团体成员自我成长与提高的过程。

在审视阶段，心理辅导教师还要思考一个问题，就是如何让该校园心理剧带给我们的启发和教育延伸到日常生活中，并具有持久的作用。在演出结束后，有的分享者痛哭流涕，感觉自己在某些方面做得不好，一直在自责和忏悔，可是一回到现实的生活中，就又回到从前的状态，把之前的自责抛到了九霄云外。所以如何将从校园心理剧中学到的经验应用到生活当中是个值得研究的问题。

第二章　校园心理剧的实践探索

第一节　校园心理剧剧本的编写

学术界和实践界对校园心理剧的内涵有不同的理解和认识。从实质上来说，校园心理剧是一种以角色扮演为主要技术的发展性团体心理辅导形式，它以有效地保障与发展学生心理健康和健全的人格为目标，是西方心理剧治疗的理论和技术在我国学校心理健康教育领域应用、演化、本土化的结果。

笔者认为在注重创作内容和方法的同时，设计易被学生理解和接受的心理剧剧本尤为重要。剧本内容来源于学生在生活、学习、交往中的冲突、烦恼、困惑等，并包含解决问题的策略。创作方法上运用一定的心理辅导技术，如角色扮演、独白、镜子反应技术等，加以艺术化的创作，反映校园内真实生活，并且易于学生表演。

因此在剧本的编写中必须要准确掌握学生的心理特征，体现学生的心理矛盾与心理冲突，这样才能促使学生在真实的情感体验中去探索、去认识自己的内心，做到既提出了问题，又解决了问题，使学生在表演、观看、讨论中受到潜移默化的影响，从而自觉调整自己的言行，发展心理潜能，形成优良的心理品质。

2002年，教育部制定印发了《中小学心理健康教育指导纲要》，2012年为进一步科学地指导和规范中小学心理健康教育工作，在认真总结近些年来全国各地心理健康教育工作经验的基础上，对其进行修改。管城回族区心理健康教育教研团队跟随国家方针的引领，在各级教育主管部门和文明办的大力支持下，积极探讨课程理论，不断丰富课程内容，逐步在课程建设中创造出自己的特色，校园心理剧的发展就是该学科特色中最亮丽的一道风景。

近十年来，在上级主管教研部门的组织和引领下，从心理健康教育达标课，到心理健康团体游戏辅导，再到师生们喜闻乐见的校园心理剧，团队不断地根据核心内容变换课程形式，尝试校本新思路。

任何事情到了具体的实施阶段，都是从基础的材料准备开始。我们校园心理剧剧本的编写也不例外。

一、校园心理剧主题的确定

校园心理剧题材都来源于学生的实际生活，涉及学生学习、生活的方方面面。在生活方面，如生活自理能力差、环境适应不良、自我认知失调等；在人际交往方面，如同学之间闹矛盾、师生之间有分歧、亲子之间沟通不良等；在学习方面，如学习习惯不好、害怕老师、厌恶上课等。每个方面的内容都可以成为教育主题。我们对校园心理剧主题的确定常用以下两种方法。

（一）做教育的有心人

首先，记教育随笔。教育无处不在，笔者认为每天的教育活动都潜藏着巨大的教育资源，比如今天有两个孩子发生了冲突，或者有个小女孩很自卑等问题，怎么解决，这样解决的利弊是什么，下次处理类似的问题时有什么可以借鉴的……这些活生生的实例记录下来，日积月累，就是一笔巨大的财富。其次，多跟班主任和任课教师沟通，了解学生们存在的普遍问题，了解他们是如何处理的，然后再记录下来。最后，深入孩子们当中，设身处地地去了解孩子们的世界，看他们眼里的老师、他们眼里的同学、他们世界里的一草一木，从而搜集校园心理剧的素材。

（二）对小学高年级段的孩子建立心理档案并定期进行问卷调查

小学高年级段的孩子的认知水平和理解能力都已经达到了一定的程度，所以可以给他们建立心理档案，并且每年对他们进行一次或者两次问卷调查，看有没有新的情况，尤其是高危情况的发生，比如有没有孩子有自闭、自虐倾向。这样搜集来的素材更有价值。

在经过多方了解后，根据本学校、本班级的实际情况，经过比较，选取现阶段在学生中较普遍存在又具有典型性的问题作为校园心理剧的主题。

二、校园心理剧剧本的编写

确定好校园心理剧的主题后，紧接着就是剧本的编写。一般地，剧本的编写步骤如下。

（一）成立创作小组

由班主任或者语文教师推荐几名写作能力强的学生，本着自愿参与原则，进而筛选出6~8人组成一个小团队。然后大家选举产生队长，队长再给大家分工，明确每个成员的具体任务是什么，遇到问题怎样求助，等等。

（二）收集材料

确定主题后，还要有相应的创作素材。创作小组将搜集来的素材都汇总到队长那里，队长根据校园心理剧的主题进行分类整理，接着由创作小组进行集体创作，编写剧本。

三、题材、主题思想的类型

校园心理剧之所以受到欢迎，是因为它的素材都来源于学生们的学习和生活，剧情是学生自己亲身经历过的或者是亲眼见过的。归纳起来，校园心理剧的主题大概有以下几种类型。

（一）学习类问题

学习是小学生的主要活动，所以小学生的很多问题都是由学习引起的。例如:厌学、逃学、课上爱动、害怕考试等。

(二) 自我意识问题

有的小学生刚刚有了自我意识,他们很好奇自己在别人眼里是什么样的?这样的问题不断出现在他们的脑海里。有的学生甚至认为在别人眼里很霸道、很威风就是最好的,所以有的学生就通过打架来引起老师和同学们的注意。也有的学生沉浸在自己的个人世界里,自娱自乐,时间一长,可能就会变得不合群、自卑、自闭等。

(三) 人际交往方面问题

人际交往方面的问题有很多,如与家人沟通困难、师生关系不和、同学关系紧张、与异性交往不当、缺乏交往技能、难以被别人接纳等。校园是学生接受人际关系教育的主要场所,学生容易受同辈群体的影响。

(四) 情绪、性格问题

有的小学生情绪不稳定、消极情绪体验过多、过于内向、性格存在缺陷等。

(五) 环境适应问题

有的小学生存在对陌生的环境不适应、生活自理能力差、自我认知失调等问题。

(六) 其他问题

迷恋网络游戏、早恋、不珍爱生命、攀比、抑郁等。

四、校园心理剧剧本编写的注意事项

在创作校园心理剧的过程当中,创作者应立足于学生生活实际,把学生在生活、学习中的冲突、烦恼、困惑等,以小品表演、情景对话等方式编成“小剧本”。表演者可通过演戏的方式来表达自己,全面认识内心隐藏的矛盾与冲突,释放压力。剧中融入了心理学的知识以及教育技巧,学生表演发生在他们身边的，甚至是亲身经历的事，表演者和观众从中体验心理变化的过程，领悟其中的道理，受到教育启发。

剧本的编写应以创作小组为主体。孩子眼中的世界和成人眼中的世界是不一样的。所以学生们创作剧本一定要以一个小组的形式来进行，有问题先在组内商量解决，实在解决不了再寻求外援。教师和家长也应给孩子们创造一个安全、舒服、自由和受保护的创作空间，不用自己的想法和价值观去绑架他们，尽量让孩子们展示真实的自己。

明确心理辅导教师在校园心理剧剧本编写过程中的地位和作用。一般来说，心理辅导教师是一位指导者和引领者，指导着学生们朝哪个方向去努力。与小学高年级学生相比，在低年级学生主创的剧本里，心理辅导教师的参与度更高些，因为低年级学生的理解能力和认知水平还没有达到一定的水平，更需要教师的帮助。此外，心理辅导教师在剧本编写的过程中，还是一位支持者，他是创作小组坚强的后盾，随时准备给予创作小组剧本编写知识、编写技巧方面的支持。

在剧本创作过程中，我们深深感受到有目标的教研工作帮助我们缩短了探索的路，在研讨中，学校心理辅导教师都得到了成长，他们越来越认同校园心理剧对编者、观者、演者都是一次心灵的洗礼，是一种既有趣又实用的心理疗法。团队已经由原来的惧怕编排，转变成现在的有了尝试的胆量和信心。

五.校园心理剧剧本编写过程中的收获

在各方面条件都具备的情况下，管城回族区在2011年4月中旬举行区首届校园心理剧展演活动，也正是这届活动让我们迎来了管城回族区校园心理剧的春天。在第一届校园心理剧大赛中，东关小学校园心理剧社重新编排的心理剧——《我不是坏小孩》，获得了一等奖。在他们的活动总结中，我们学到了值得借鉴的宝贵经验。

首先是领导的支持。近年来，学生的心理问题受到社会各界的普遍重视，东关小学把心理健康教育作为学校特色建设之一，并把这次活动作为向孩子宣传心理健康教育知识的突破口,因此对本次活动非常重视。为使活动有序进行,学校领导根据学校的办学宗旨以及心理健康教育的目标,确定成立东关校园心理剧社——东关小学阳光心理剧社。同时,成立了这次活动的领导小组,领导小组由组长、副组长、后勤保障、主创等四人组成。领导小组可以任意挑选学生作为演员,其班主任老师都积极配合。尽管当时学校有很多接待检查的任务和演出活动,但学校各部门都积极参与和协助校园心理剧编排工作。在全体成员的共同努力下,活动前期的筹备工作顺利完成,为下一步活动的开展打下了良好基础。

其次是针对问题优化解决的过程。校园心理剧是讨论和解决学生心理问题的,所以剧本要以心理问题为主线展开故事情节,其过程主要包括提出问题、分析问题、解决问题这几个部分。

提出问题是开端任务,要揭示故事发生的时间、地点、背景等,交代人物之间的关系,引出全剧的主要矛盾冲突。

分析问题是在提出问题之后,分析造成这些问题的原因和各个事件的影响程度及相互关系。通过对造成心理问题的相关事件和人物关系的精心演绎,使问题层层展开,不断深化,从而探讨这些问题对个人心理产生的影响以及他人如何看待这些问题。

解决问题是故事的结局。心理和行为的改变不是通过一两次角色扮演或者观看剧本就能彻底改变的。所以,结局要有深意,能引起人们的回味和反思,要通过角色人物内心的冲突和斗争,使观众有所体验和感悟,以改变自身一些不恰当的行为。

在这次活动中,剧本的主创教师根据校园心理剧的目的、意义以及要求,对学生问题进行走访、调查,搜集有关资料,总结出学生的共性问题。学生尽管表现的问题不一样,但出现问题的根源都比较类似,大多有心理问题的学生的父母都欠缺正确的教育指导方法,导致这些孩子缺乏家庭的关爱。其实这些学生在内心深处都渴望被关怀、被理解,以至发出“我不是坏小孩”的心灵呼声。由此,创作的主题就定为“我不是坏小孩”。

在创编《我不是坏小孩》校园心理剧中,臧老师为了揭示个体的内在心理和外在行为相冲突的矛盾，以“校园霸王龙”——小龙的故事为主线，“问题少年”小龙在父亲简单粗暴的教育方式下、周围人群的歧视下产生心理问题，最后在学校心理辅导教师的帮助下实现了情感回归，特别是当主人公对人们发出“我不是坏小孩”内心真挚呼声的时候，让人心灵为之震撼，全体师生都为之动容，从而也揭示出如何正视“问题少年”的这一主题问题。

最后就是团队的能量聚集。编排校园心理剧是一个比较艰辛的过程，因为孩子们毕竟不是专业的演员，教师也不是专业的导演。作为指导教师，要当好参谋、顾问，做好指导工作，学生是演员，尽量要求演员进入角色。孩子们刚开始什么都不知道，不知道角色的感受，不知道角色的表情，表演时就像在背课文，就这样几次排练下来，效果总是不好，此时离校园心理剧比赛仅剩下不到一个月的时间了，负责创编校园心理剧的几个教师在一起商量，要在最短的时间内，排出一场效果不错的剧目。

无论是什么样的剧本，其情节内容、思想内涵都是通过剧中人物，即演员扮演的角色体现的。好的演员会把人物演绎得声情并茂，使观众关注人物的命运、剧情的发展，为剧本增辉添彩。所以，我们在挑选演员时，会选择舞台表现力强、语言表达能力好、表情自然到位、声音富有感染力、肢体语言丰富的学生作为校园心理剧的演员。因为学校建立心理剧社的目的是为学生服务的，所以我们除了挑选一部分乐于参演剧目又有表演才能的学生外，还邀请了一部分存在心理和行为问题的学生参加。目的就是让他们在参演或观看剧目后受到震撼和获得感悟。在活动中，这些学生也确实有所触动和改变。如剧中爸爸的扮演者——刘同学，他本来就是一个“问题学生”。在参与演出前，不夸张地说，他几乎天天被叫到办公室，不是因为打架，就是因为上课不遵守纪律。但是参加了校园心理剧《我不是坏小孩》的表演后，剧中主人公小龙的遭遇深深触动了他，再加上他的表演获得了老师们的充分肯定，刘同学开始改变了。那个上课爱做小动作、爱接老师话茬、爱打架骂人的刘同学不见了，明显地感受到他开始往良性的方向发展了。

在舞台艺术中，道具、背景音乐是舞台环境的有机组成部分。它们是塑造与刻画人物形象的辅助材料，是渲染气氛的有力工具，所以道具、背景音乐不可或缺。然而学校毕竟不是剧团，在这方面不专业，我们就想到了我校计算机教师王利强，请他帮助我们制作心理剧的背景音乐和课件，他非常热心，主动帮助我们找图片、组合音乐，营造演出氛围，烘托人物的内心冲突，使心理剧演出有了更好的效果。

学生们刚拿到剧本时，既兴奋又迷茫。看到学生不知所措的样子，我们就先给他们分配合适的角色，因为这些学生都是在几个年级中挑选出来的，所以这个环节进行得比较顺利。接下来就让他们背台词，我们特意交代学生，背的时候如果觉得哪些台词不太合适，自己可以进行修改。这样几天下来，学生们对剧情已经初步了解，对自己的台词也熟悉了，排练起来就容易得多了。

对于小学生来说，让他们背一份十几页的剧本确实是不容易的，一次性全部背下来更是难上加难，于是我们就商量了一个办法——划分场景，分场排练。将剧本大致划分为五个场景，一场一场排练。每场排练时对于人物的动作、表情、内心活动，都要给孩子们说出来，对于那些有表演天赋的学生来说，可能说几遍就能体会到，可是有一些学生在这方面接受得比较慢，我们就一遍一遍地提醒，一遍一遍地给孩子示范，直到他们的表演达到要求为止。如在《我不是坏小孩》剧目中，有一个场景，主人公小龙向班主任王老师倾诉内心的真实感受时，扮演者贾同学总是做得不好，因为贾同学平时是一名好学生，可能对“坏孩子”的这种心理理解得不够，内心的愤恨、恼怒、压抑表现得总是不到位，郭坤老师就亲自给他示范，一遍不行，就做两遍，这样下来反复做了几十遍，贾同学终于有所感悟，体会到了剧中人物的感受，有几次表演得太投入了，居然说着说着，眼泪都掉下来了。

每个场景排练得差不多以后，到了该往一起合成的环节了。这个环节最大的挑战就是平时教给学生们的人物感觉，又都还给我们几个老师了。没办法只有再给孩子们说一遍，再给他们进行指导。小学生对人物情感的把握还是不够到位，合成的时候，我们说得最多的话就是：“孩子们，你们在演这个人物的时候，就把他当成自己，想想自己受委屈时的感受，想想自己受欺负时的心情。”就这样，我们不厌其烦地指导学生，两个多星期下来，一场完整的心理剧终于呈现在全体师生的面前。

更难得的是，东关小学参与心理剧编排的师生们及时进行了活动分享和自我反思。

（一）提高了学生的自我心理保护意识

学生对心理剧报以极大的热情，他们渴望把自己无处倾诉的问题通过表演的方式得到倾听和解决。处于心理成长期的他们，有很多的困惑和无奈，他们对大人或多或少地存在一定的抵触情绪，那些困惑和无奈压在他们内心得不到解决，时间长了就会产生心理问题。

通过这次活动，他们认识到了问题的存在，他们能把自己的心理问题呈现出来，有些还不知道自己有心理问题的同学得以及时发现自己的内心状态和充分意识到了自身的不足。正像有的同学所说：“这样的活动让我明白了书本上看不到的东西，我好像一下子长大了！”

（二）一定程度上解决了学生心理上的一些问题

有针对性主题的设立，有效解决了学生心中长期存在的疑问，增强了他们战胜问题的信心和勇气，达到了对他们进行心理调适的目的，当然心理问题是长期慢慢形成的，不可能在短时间内得以完全解决，这种活动所取得的效果比其他的心理调适方式要好得多。

东关小学典范式的演出、总结、分享，不仅验证了前期教师们的研修学习成果，还确定了这项工作后期的目标和努力重点。当然，一次成功的演出并不代表一切，要想活动持续发展，不断创新，我们重点考虑的是其中要注意的问题。

首先，剧本中呈现的问题和解决方案尽可能地集中在一两个场景里面。整个剧最好不要超过四个场景。因为场景多的话，有可能扰乱主题，且场景与场景之间的衔接也会比较浪费时间。像我们这一次编排的《伴你左右》的场景就有一些多。所以我们在场景与场景的转换之间下了很大的功夫。场景多的话,道具相应也会多,还得专门安排学生搬道具。《让爱住我家》中的场景就比较简单,总共三个场景,第一个场景和最后一个场景都是起辅助性的作用。第一个场景表达的是学生的孤独,开篇以舞蹈的形式展现,第二个场景完全把剧情展开。它讲的是一个家庭当中孩子与父母互换角色后发生了很多事情,而父母和孩子分别从发生的这些事情当中明白了各自的心理。结尾也很简单,就是家庭大团圆,同样以一个舞蹈结束。整个剧的重点突出,一目了然。

其次,开场要吸引人。就像文化课上课要有一个导入语一样,开头就要吸引人。《刁蛮公主淘气王》就是以欢快的歌曲开场,学生伴着歌曲出场,一下子就把剧情展开了,同时也把观众的心拉进了剧中。特别值得欣慰的是,我们的心理剧被观众建议要突出"心理"二字,这让我们醍醐灌顶。"心理"可是我们的专业,如果我们忽略了它,我们的校园心理剧和小品、课本剧又有什么区别呢?

在校园心理剧的表演过程中,我们遵循以指导教师为主导,学生为主体的原则,目标问题清晰,过程与方法突出心理健康教育学科的特点,且方法灵活;整个过程中可以安排个体辅导,也可以安排团体辅导,直观呈现专业心理辅导技术。

在逐次的讨论过程中,我们初步掌握了剧本的编写要点并形成文字。剧本的编写必须要准确掌握学生的心理动态,体现心理矛盾与心理冲突,这样才能促使学生在真实的情感体验中去探索、去认识、去发展自身的心理,做到既能提出问题,又能解决问题,使学生在表演、观看、讨论的过程中受到潜移默化的影响,从而自觉调整自己的言行,发展心理潜能,形成优良的心理品质。

我们发现自己编排的校园心理剧里面还缺少很多专业的要素,比如心理技术的运用,但要将心理技术运用到实践当中还存在一定的困难,为了打破这个瓶颈,区教研室又开始组织教师们进行心理专业技术的学习。

当然,要想更专业地提升这个课程水平,我们需要专业的知识和技术做支撑。为了更好地推进这项教研工作的开展,提高全体成员的专业水平，我们引进了各种专业的心理辅导技术，旨在表演中能体现人性之美，不仅能够疗愈孩子，同时能够疗愈教师和家长。

在第一阶段的基础上，我们有了经验和教训。学习了大量的心理辅导技术之后的心理辅导教师团队对自己有了更大的信心。同时，我们的课程研发也取得了质的飞跃。

目前我们最紧要的任务是提升专业技能。在课程改革环境下，教师光有一潭死水是不够的，应该不断补充，成为拥有活水的新型教师。如何高效利用心理辅导技术，是我们遇到的又一个瓶颈。于是，在教研活动中，我们调动一切可以利用的资源，通过引进来、走出去，把各类心理技术专家带到教师们面前，虚心、主动地向他们学习心理辅导技术及心理辅导的技能、手段，认真学习，及时消化。学过之后，教师们在自己的教学活动中不断实践，不断总结，不断提高，并从中找到某种技术作为自己的专长技术。

经过几年的努力，我们团队中的不少教师都有了自己的拿手技术。比如南十里铺小学郑慧霞教师的绘画辅导技术，管城回族区第二中学李军强教师的团体辅导技术，实验小学袁印霞教师的心理沙盘和萨提亚技术等。

专业技术的真正获得，也从根本上提升了我们的校园心理剧的水平。各学校的创作团队打破了以往认知的局限，在创作方法上有了更多创新，演出形式更加灵活。

六.校园心理剧剧本编写过程中的感悟

《爸爸，妈妈，请你们多给我点爱》的编剧和指导教师在分享时表示，编排剧本最主要的是选取素材。刚开始他也有一种偷懒的心理，想着直接从网上搜一个剧本让学生演出，但是找了一些都觉得不合适。刚好他手头有一个案例，一个小女孩在班上出现了一系列的行为问题：偷拿别人的东西；特别不讲卫生，脸和手经常都是脏兮兮的，身上还总是有一种难闻的味道；课堂纪律也不好，经常不完成学习任务。经过多次和家长沟通协调也不见效果。

后来从心理方面着手，经过和小女孩家长深入访谈，发现孩子行为问题的背后是家长的教育方式不当。这个小女孩在家排行老二,家里还有两个男孩,但是父母重男轻女的思想极为严重,特别是小女孩的父亲,一年到头,跟小女孩好好地说一句话都很难,更别说沟通和交流了。母亲为了照顾更小的那个孩子,也就忽视了这个小女孩。小女孩在这个家庭中没有得到应有的爱,为了获得更多的关注,小女孩就做一些怪异的举动来引起家长和教师的关注,从而获得心理上的满足。要想解决这个问题,其实也很简单,就要从小女孩的父母着手,只要父母能改变自己重男轻女的思想,给孩子所需要的爱,小女孩得到了足够的爱后,就会逐渐地减少不良行为,直至恢复正常。家长听了教师给他们的建议之后,也很配合,小女孩的转变也很明显。就是这么一个案例,给了他编写剧本的灵感。有了素材之后,他就开始跟学校的王辉教师一起编写剧本,并得到了学校领导的大力支持。

通过这次心理剧本的编写,教师们觉得最好的素材来源于我们心理教师所做的辅导个案。因为这些个案来源于学生的生活,学生对此比较熟悉,剧本经过学生的演绎之后,能引起学生的共鸣,能达到解决学生心理问题的良好效果。编排校园心理剧,从构思到剧本再到舞台演出,每一步都是摸索着进行的。虽然我们编排的心理剧还存在着各种各样的问题,但是,这一届的心理剧编排也让我们团队获得了许多宝贵的经验。

管城回族区在第二届校园心理剧大赛中创编的校园心理剧多次在河南省郑州市校园心理剧评比中获得一等奖。第一、二届校园心理剧大赛中部分精品剧目在省市心理学科会议上先后演出十几场次。比如《刁蛮公主调皮王》《婆媳的幸福密码》等。

在这一届心理剧展演之后,教师们对问题的剖析更立体了,对问题的关注也更全面了。下面是一个刚加入心理教研团队的教师的创编分享。

这次心理剧的创编与演出过程对于我来说是学习的过程,也是收获的过程。2012年9月,我开始担任学校心理教师,11月的时候,学校领导通知我排练校园心理剧,这次任务对我这个门外汉来说完全是一个挑战。12月,当我看到其他学校的心理剧时,我才恍然大悟,心理剧原来是这样排的,是通过这样的方式表演的,还要通过专业的心理技术指导,解决学生的心理问题。那一次是我第一次知道了一些专业的心理术语,像萨提亚的四种沟通方式、雕塑艺术、独白等,再看看自己创编的心理剧,太不专业了,特别是解决问题时都是想当然的方法,像调节呼吸啊、朗诵诗歌啊、劳逸结合啊！自己深感汗颜!

这次活动也让我收获了一些经验,现在跟大家分享。

第一就是选题,选题要紧密贴合教师的生活。艺术来源于生活,最真实的才能最打动人,才能跟观众产生共鸣。《我的青春不迷茫》里的素材都是真实的,比如说主人公林果,就是我们学校新进的贾晴雪教师,她学的是英语专业,而且过了专业八级,但我们学校不缺英语教师,让她教语文且当班主任,她感到很迷茫,不知道语文怎么教,班级怎么管。后来贾晴雪教师经过心理辅导打开了心结,回到班里,孩子们藏在桌子后要给她一个惊喜,这让她非常感动,记忆深刻。

第二个就是好的作品,绝不是凭借一己之力能完成的,它一定是集体智慧的结晶。俗话说:众人拾柴火焰高!《我的青春不迷茫》从创作到呈现在大家面前,经历了好几次修改调整。参与的每个人献计献策,为这个剧增添光彩。特别是这学期在春晓小学演出完后,史老师给我们提出了修改意见,学校也找了几个有经验的教师和我们一起研讨,这样灵感的火花就出现了,最后决定用雕塑艺术把问题呈现出来,然后解决。经历了才有收获,我很感谢这次的活动给了我一次学习的机会,激励我向自己未知的领域去挑战!

校园心理剧的创编过程,就是内化专业知识,外化专业形式的过程。我们发现,只有真实的、熟悉的东西,展示出来才能打动人,我们驾驭起来才能得心应手。

首先是契合人物的身份特点。无论是学生心理剧还是教师心理剧,他们心理问题的呈现,需符合人物身份。问题产生的根源,也必须有科学的逻辑。

其次是心理辅导技术的呈现。这是心理剧的本质所在,如果没有心理问题的冲突和心理辅导技术的呈现,我们的心理剧就失去了它的特色,等同于一般的舞台剧。问题呈现后,用什么样的专业技术进行解决,是决定心理剧好坏的关键。

最后是专业特点。在心理辅导过程中,要解决问题,还要遵循一个原则,就是求助者主动提出诉求,心理辅导教师需要在被动中抓住问题,主动引领,并不动声色。

第二节　校园心理剧的推进

把开展校园心理剧活动的想法付诸实践,是我们在进行校园心理剧这一课程开发过程中突破的第一道难关。当时,心理教研员田晓莉老师大胆提出了自己的想法,邀请各个学校的心理辅导教师进行尝试。对于一个新生的事物,很多老师都是观望的。只有东关小学的郭坤老师和实验小学的袁印霞老师主动要求先排练一个剧,让大家观摩。

两位老师教研结束回去后立即行动起来,不到半个月,就创作、编排出了较为精彩的心理剧。2010 年 11 月 24 日下午,实验小学创作的《谁知我心》和东关小学创作的《我不是坏小孩》在大家期待的目光中顺利开演。实验小学创作的《谁知我心》,讲的是一个被教师忽略,而后又被教师误解的孩子出现了心理问题。剧本只有三幕,但清楚地展示了问题的形成过程和解决过程,只是收尾过于仓促,显得不够完美。东关小学创作的《我不是坏小孩》,讲的是一个被忙碌的父母丢给爷爷奶奶的孩子,渴望得到父母的爱,又不能正确表达需求,因而产生很多偏差行为。最后,在心理辅导教师的帮助下,父母改变了简单粗暴的教育方式,孩子有了很大的变化。其他教师观看了这两部校园心理剧后受到很大触动。

两位教师在介绍编排经验时都谈到了孩子们的变化:排练的这段时间,孩子们的热情很高,也很刻苦,上课听讲也比平时认真了。这充分说明,孩子们通过表演,有所感悟,有所成长! 参与观摩的老师们在分享环节，也纷纷发表了自己的看法，认为校园心理剧在中小学也完全可以开展，而且效果显著。校园心理剧为学生提供了心理互助的平台，能提高学生的心理互助和自助能力，使学生的心理品质不断提高。近年来，管城回族区一直把校园心理剧应用到心理健康教育工作中，巧借校园心理剧，促进管城回族区师生的心理健康成长。

初次尝试的校园心理剧在今天看来特别稚嫩，但它给大家传递的是这个课程有积极的意义，值得去研发。究竟怎样去深入探讨，如何把内容更全面地展现，一次尝试远远不够，在反思的时候，我们发现自己欠缺的地方还有很多。

俗话说集体出智慧，研讨出真知。我们在开展校园心理剧活动时，就充分发挥了集体的力量。几年前，在打算开展此项活动对师生进行团体心理辅导时，我们先组建心理教研团队，然后召集团队教师进行了两轮研讨学习。第一轮，组织心理教师学习校园心理剧相关理论知识，并及时交流学习心得，大家在交流中分享经验，收获成长。通过学习，团队成员对校园心理剧的产生和发展、实质和特点、结构与功能、创作和实施都有了初步了解，也进一步认识了校园心理剧的意义和作用。第二轮的研讨学习，我们把重点放在校园心理剧的构成及创作上。这次的深入学习，使我们对校园心理剧的基本要素、基本过程，校园心理剧中常用的技术以及校园心理剧的创作有了更清晰的认识。

然而，从理论到实践，所跨过的“意识河流”要比生活中跨过江河还要困难。

在这里，很有必要感谢郑州市第五高级中学（以下简称“五中”）的刘俊涛老师，刘老师在郑州市教育局心理健康教育学科主任尚新华的引领下，率先在学校组建了心理剧社团，精心创编了几个非常精彩的心理剧。五中的心理剧演出就像及时雨，在现场观摩学习的我们充分感受到了校园心理剧的魅力。“五中”创编的心理剧我们观看了三次，每次都很震撼。每次观摩回来，教研室都会及时组织教师们进行研讨、交流。

由于第一次，只有部分心理辅导教师参加观摩，教师们尚不能通过自己的感受去开展我们要研发的课程项目，因而获得的资料不多，区教研室也没有急于推进。第二次观看是在河南开封市，那次去的教师比较多，回来后，我们再次交流，大家已初步认识到心理剧的重要性。有的教师说，心理剧确实很有趣，效果也很好，准备把发生在学生身边的事例写成剧本，让孩子们演一演，让教师、家长都看看，倾听孩子们的心声，理解孩子们的内心世界……而且，还有部分老师很想再次观摩五中的心理剧，想咨询刘俊涛老师如何编写剧本、如何编排。

就在我们有需求的时候，郑州市教研室再次组织教师前往五中观摩校园心理剧。第三次观摩时我们的目的性很强，真的是来“取经”的，而且取到了不少“真经”。“取经”回来后，我们又坐在一起，结合五中的几个剧本再次对校园心理剧进行研讨。大家更是认识到了校园心理剧在心理辅导中的重要性。我们还重点讨论了开展校园心理剧活动的难点。

一说到难，还真说到点子上了，原来教师们不敢说的话，一下子都说出来了。这个难点，还都是我们无法绕过的实情。我们发现，一部好的剧本需要一个团队，这不是一个教师单枪匹马能够完成的。因为我们的心理辅导教师大多都是兼职，在忙碌的工作中抽空去完成内容烦琐的心理剧的创作，难度太大。在小学，编写剧本、挑选演员、排练的重任，教师都要一肩挑，任务实在很重。特别是最初尝试的两个学校，教师们在谈自己的创作和编排感受时提到，要创作一部校园心理剧，不是一个心理辅导教师的事情，这需要一个团队。袁印霞老师自己是班主任兼心理辅导教师，有时一个人从头到尾去创作、编排一部心理剧，她最大的感受是一个人创作心理剧实在太累。袁老师并非是抱怨，她讲的是实情。我们的心理辅导教师团队基本都是兼职，想在时间的夹缝里去完成一个团队的工作，困难可想而知。

困难暂且不说，关键是剧本演出后，收效如何？大家心里还没底。在这样的情况下，我们决定先区域内有针对性地研讨，基础不牢靠，坚决不打墙。

第一届演出比赛结束后，我们继续研讨，研讨的主题与以往不同，我们把研讨的目标更为细化，具体到创编剧本需要改进的地方，挑选什么样的学生当演员，如何才能让心理剧在舞台上演出的效果更好等事项。

如今，我们的心理健康教育团队已经从校园心理剧中找到心理健康教育学科更为有效的校本活动开展模式和心理辅导技术。

随着活动的开展，我们在工作过程中遇到了瓶颈。如在演出中切换场景时，道具挪移混乱；在问题呈现和问题解决上专业水平不够等。在静下心来思考之后，我们团队再一次回到专业理论中来。把省编教材拿出来研究，对郑州市教研室编写的专业书籍进行反刍，把心理辅导应用技术再现，我们的目的就是要寻找一个去繁就简、去浊就清的剧情。

经过一段时间的努力，我们的方向更明确了，校园心理剧这一师生喜闻乐见的团体心理辅导方式，我们要坚定不移地做下去！不仅要做，而且还要从艺术层面上提升校园心理剧的品质，让心理健康教育与艺术完美地融合在一起。

每一次的反思，都是一次脱胎换骨的成长。借助郑州市教研室整合编写全程心理辅导系列丛书的契机，我们对自己的心理剧和当前全国校园心理剧的状况有了一个更为全面、深入的了解。外面的资源犹如阳光、雨露一般浸润着我们这块土地。笔者和管城回族区的部分老师担任了本书的编写工作。本书编写工作，是对我们平日实践的总结，让我们再次去深思校本课程的特点：

第一，导向性与协调性。校本课程开发必须在国家课程计划框架内，谋求与国家课程和地方课程的协调一致和均衡发展，防止校本课程与国家课程和地方课程的简单重复，立足于拓展国家课程的基础上，谋求与国家课程的协调一致和均衡发展。第二，时代性和先进性。校本课程的教育内容应及时反映当前的科学技术发展趋势和时代问题趋向，为学生进一步的学习和今后的生活与工作奠定良好基础。第三，地域性和个性化。我们充分利用当地和学校教育资源，传播学校文化，充分体现学校的特色，满足学生发展需要。

本书编写工作，更让我们的课程有了选择性和灵活性。发展学生个性，开发教育者的潜能，提高教育者和学生的实践能力，培养创新精神，成了我们第二届校园心理剧的亮点。

可以很自豪地说，我们心理团队敢于打破惯性思维！原来我们习惯于思考学生资源，从问题的发现到问题的解决，除了心理辅导的环节外，几乎忽略了教师的参与。让学生扮演教师角色，我们也取得了成功。但是，在观剧之后我们也反思，孩子终归是能力有限，没能尽善尽美地去展现教师们在剧中的作用。能不能让师生同演？能不能教师来演？就这样，有想法，就大胆尝试！我们把舞台上学生扮演的“小大人”换成真正的大人，开始邀请家长、教师参与其中。于是，在管城回族区第二届校园心理剧大赛过程中，一批让人耳目一新的剧目脱颖而出，引起了极大反响。我们开发的校园心理剧课程更专业，大家持续学习的各种心理辅导技术也充分运用到校园心理剧的创作与表演中。

于是，第三届校园心理剧编导方面就有了全方位的提升，心理辅导技术层面、艺术层面等上升到一个新的台阶。在我们大胆创新之后，管城回族区教育局迎来了第三届“阳光杯”校园心理剧大赛。将近二十部参赛学校精心创作的作品，给与会的领导和观剧的师生极大的心灵冲击。他们沉浸在一个个剧目中，时而捧腹，时而落泪，时而沉思，时而感叹。

南十里铺小学的教师队伍比较年轻，他们之前就有过教师表演心理剧的尝试，带给我们更大的感官上和心灵上的冲击，效果非常好。这次的创作对他们来讲是相对轻松的。郑慧霞老师也说过，他们的“好孕来”创作团队只要有个思路，接下来就一边创作，一边表演。

实验小学的校园心理剧《阳光小屋》把萨提亚的雕塑艺术搬上了舞台，这是心理辅导技术最为直观的运用。没想到，我们一上舞台，非常艺术化地把人物抽离了出来，放置于不同的场景之中，变成一个可视的唯美道具，一下子摆脱了因场景转换而带来的各种道具的进出场混乱，一个主题音乐背景从头贯穿到尾的困扰。演出带来的强大的冲击力，无论是演员还是观众，都受到了极大的震撼。

世界上每一项重大发现都源于一个不同凡响的设想。有了这个设想，我们就开始了一个新层面的尝试——教师心理剧。考虑到几个实验学校的不同情况,我们采取了因地制宜的方式。既能立足问题学生的实际,又能综合各个学校的资源,把多方力量有效地运用到了校本课程教法研究之中。

多年来,我们以心理剧为突破口进行校本课程研发工作,在实践、反思、实践的循环中实现校园心理剧的创作。

第三节　校园心理剧的排练

校园心理剧的排练是把文学形象转化成舞台形象的过程。由于校园心理剧表演的主体是学生,因此无论是演员的选择,还是排练时间、排练场地的安排都有其特殊的要求。

一、演员的选择

选择校园心理剧演员要遵循自愿原则,尊重学生的意愿,不可强制性要求。一般地,选择演员有以下几个步骤:

(一) 通过各种形式招募校园心理剧的演员

招募演员的方法:通过校园广播、学校报纸宣传,在升旗集会中宣传,每周的班会上进行宣传,同时要说明对演员的要求,让学生自愿报名,这样最大限度地调动他们的积极性和主观能动性。

(二) 筛选

面试。设置一个跟剧本类似的场景,让学生临场发挥。这样也可以锻炼学生的心理素质和胆量,也可以考查学生的表达能力和表演能力等综合素质,为剧本演出做准备。

了解选手情况。通过与相关的老师以及参选同学沟通,了解该学生的其他情况,如心理剧中的场景在这个同学身上是否发生过,目前该学生的心理状态怎么样等。

选定演员。根据剧本的需要和学生的表演能力、生活经历、气质形象、心理素质、所在年级段等实际情况,筛选出校园心理剧的演员。

二、角色的分配

角色的分配相对于演员的选择就更民主、更灵活了。一般来说,由心理辅导教师和参选演员共同协商决定,可以根据剧本所需的角色特点,比如性别、个子高矮、胖瘦、心理体验等各方面的实际情况分配角色。具体的角色确定要注意两点:

一是尽量选择和该典型事件有相同或相近经历和体验的学生担任主角。这样做更能让主角最大限度地表达自己的想法和体验,能更好地引起配角和观看同学的共鸣,最大限度地发挥校园心理剧的辅导和教育功能。

二是尽量选择气质形象和角色要求接近的学生扮演相应角色。这更有利于刻画角色、加强心理冲突的激烈程度,增强效果。比如让一个又高又壮的男生来演警察。

校园心理剧的排练是校园心理剧的重要环节之一,是整个校园心理剧活动过程中牵涉事件和人员最多的环节,合理地处理各种事件及其内在关系是保证校园心理剧质量的重要前提。

(一)准备相应的道具

道具的布置能直接影响心理剧的效果。小学心理剧中常用的道具有课桌、椅子、书包、文具等,心理辅导教师也要边做边学,尤其注意场景变换的次序和道具出场的顺序。

(二)做好各方人员的沟通配合工作

校园心理剧在排练的过程中一定要与其他人员沟通配合好。如要利用周末时间排练,就得和家长沟通好;要用学校的礼堂,就得跟负责礼堂管理的工作人员协商好;活动课、班会课时间召集学生排练,就得跟班主任协调好;等等。

（三）不断充实和完善剧本

校园心理剧的排练过程也是剧本的再修改再完善的过程。一遍遍地排练，各个演员都会对自己的角色有更深层次的理解，他们可能会有更好、更合适的想法和创意，这就需要讨论剧本，然后修改剧本，再进行表演，如此反复，演员就会有更深刻的体验。这样做，不但增加了团队间的凝聚力，也能够让演员理解并扮演好自己的角色，从而使剧本更加丰满，教育作用更强。

在排练过程中，心理辅导教师还要高屋建瓴地去评估整个心理剧的效果是否达到了预期。如果没有达到，怎么修改剧本，怎么指导演员提高表演技巧，等等。高效的排练方法，既能缩短排练的时间，又能提升演出的效果。

管城回族区第一小学的教师在排练时，就因为一首主题曲，一下子提升了作品的共鸣效果。《爱我你就抱抱我》是一首节奏很欢快的歌，但这位教师听了之后心里却有些酸涩。小时候，爸爸妈妈比较忙，很少在家陪她。看到别人的爸爸妈妈带着孩子享受亲子之乐时，她就想：是不是爸爸妈妈不喜欢我，所以他们才常常出门。随着年龄的增长，她才渐渐明白，就是因为爸爸妈妈太爱她，为了给她更好的生活，所以才不分昼夜地在外面拼搏。

借着这次心理剧的契机，这位教师就以《爱我你就抱抱我》这首歌为引子，以“青华”为线索，讲述了一个孩子希望得到父母陪伴的故事。

剧中的青华，是一个品学兼优的好学生。他像其他的孩子一样，渴望爸爸妈妈能花时间陪陪他，但是他的父母，每天忙于事业，忽略了与他的感情交流。一句“没人要的孩子呀”深深地刺痛了青华的心，青华第一次与人动了手。青华的父亲来到学校，没有了解情况，就片面地认定青华变坏了，并说出“我要你有什么用”，这句话加深了彼此间的误会，从此，青华认为自己是没人要的孩子，开始自暴自弃。当同学又一次提到“他是没人要的孩子”时，青华恼怒了，失手打晕了同学。这时的青华，多么希望他的父母能抱抱他，能安慰他，但是他等来的是再一次被父母否定，还被他的母亲打了一巴掌,伤心欲绝之下,青华离家出走了。在街上,他遇到了卖馄饨的老板,从老板的口中了解到,他的父母其实很爱他,只是彼此有误解。他带着对父母的爱和愧疚回到了家,在父母的拥抱下,消除了误会。这个剧也让我们知道,爱需要表达。最后的一首《爱我你就抱抱我》唱出了青华的心声:“爸爸妈妈,如果你们爱我就多多陪陪我,如果你们爱我就多多亲亲我,如果你们爱我就多多夸夸我,如果你们爱我就多多抱抱我。”

作品的出发点就是希望看了这场校园心理剧的家长能抽出时间多陪陪自己的孩子,听听孩子的心声;看了这场校园心理剧的孩子们也能换位思考,理解父母。

在编写剧本时,教师就已经在考虑演员的选定问题。为了调动学生参与的积极性,教师在剧中特意安排了不同风格的角色,通过各班级班主任宣传招募演员。在各位班主任的积极配合下,有大量的优秀演员可供选择。根据参与演出的同学的个性,合理分配了角色。角色的定位还是比较成功的:针对角色,基本上都达到了让每位演员本色出演的效果。

从最终选定演员,到正式演出,不到两周的时间,演员们进行了高密度的排练。排练地点在学校舞蹈教室,排练时间一般安排在下午第二节课后。在临近演出的前一天,还进行了加练。虽然排练时间不长,但强度很大,所有的演员都能按时参加排练。

在排练过程中,从某种程度上讲,参加排练的所有演员都是导演,都是编剧。针对实际排练中出现的问题,例如台词不顺、衔接不连贯、时长过长、走台混乱等,大家都提出了很好的解决办法。学生们活跃的思维也帮助心理辅导教师对剧本进行修改,使得台词更加真实,更加贴近学生们的生活。

每位参演的同学都对整个校园心理剧效果的提升发挥了很大的作用。参演的同学,认真琢磨表演细节,分别对自己饰演角色的台词进行了修改润色,对解决排演中存在的问题提出了很多切实可行的建议。

三、校园心理剧的演出

校园心理剧排练成熟后,最重要的环节是演出。

为了给每一次的演出找到合适的场地,我们都是实地考察,整合场地的各种资源。

(一)熟悉场地

一般来说,排练场地和正式登台时的演出场地是不一样的,所以心理辅导教师和学生在演出前一定要去熟悉正式的演出场地,包括从哪边上场,从哪边下场,道具摆放到哪个位置合适,万一在正式的演出场地出现突发情况如何应对,等等。在正式演出场地多排练几遍,确保演出的顺利进行。

因为现在的演出,都是在学校的礼堂进行,空间比较大,对音效要求比较高。校园心理剧是集体节目,常常会出现话筒少、演员多的情况,这就需要演员之间传递话筒。如果不进行彩排,话筒传递就会不到位,这就等于没了音效。看着演员在台上十分卖力,可台下的观众根本听不清他们在说些什么,演出效果也会大打折扣,可见熟悉场地对演出顺利进行的重要性。

(二)演出准备

台上一分钟,台下十年功。前期所有的排练,都是为了台上那一刻。组织者要分工负责台上节目的顺序,后台的道具安排,音效室的声音调节,节目之间的背景切换,以及演出前的签到工作。

此时负责校园心理剧的指导教师应先安排好道具,安排好演员们的进场方位,调整演员的状态。

负责场下观众的教师,要安排好台下观众的位置并引导他们有序就座,明确观剧要求,文明等待演出开始。

(三)校园心理剧演出阶段的注意事项

注意细节。心理辅导教师在带领表演团队熟悉场地的过程中,除了表演外，还要关注细节。因为小学生们的年龄比较小，生活和社会经验比较缺乏，所以心理辅导教师应该做足工作，比如调试灯光、音响等各种设备。

相对突出舞台的位置。有舞台的情况下，要突出舞台的位置。没有舞台的情况下，可以安排观众坐在外围，围成一个圆形或者U形。这样，演员们更能尽兴地发挥，从而更好地发挥校园心理剧的教育和启发作用。

注意舞台表演的一些基本要求。演出时要面向观众，根据角色的需要，可以适当化妆，上场和退场的路线等都要提前布置好。

不过准备归准备，真正实践起来又是另外一回事。实验小学的袁印霞老师在谈到编演心理剧的经验时，她说得最多的是每一次演出时出现的问题以及团队是如何应对的。实验小学的校园心理剧《阳光小屋》是一部演出相当成功的心理剧。可是，在编、排、演、改的一年中，这个剧经历了三次大的改动，十八次小的改动。最终，产生了学生和教师两支演出团队，前后近十次在大型展示和比赛活动中登台。在此期间，这个剧也经历过在演出前夕剧本被全部推翻，整个剧情也从根本上实现蜕变。不过，每一次蜕变后的《阳光小屋》展现在舞台上时，都让人眼前一亮。《阳光小屋》就是在演出的过程中完成了后期的打造和升华。由此来看，演出的意义在于促进创造。

从个人创作向集体创作转变。说起这个剧本的创作过程，也是最有趣的过程。最初的脚本，袁印霞老师写得不错。可是随着排练和演出的推进，最合适的台词最终却是来自演员，而非编剧。他们根据自己的感觉选择最适合表达情意的台词，最初的编剧变成了一名整理稿子的打字员。

道具切换是舞台效果的硬伤。舞台剧离不开道具，多幕剧的道具还需要切换。《阳光小屋》在演出过程中就经历了道具过多，影响剧情效果的情况。

音效是舞台剧的灵魂。音效说是灵魂，一点也不夸张。偌大的舞台，偌大的报告厅，如果不借助话筒等工具，舞台剧的效果就会大打折扣。我们从区演，到市演，再到省演，表演的舞台基本上都是学校的礼堂，学校礼堂的设备是没办法跟剧院比的。话筒数量少，麦克风不专业等，成了保障音效的最大障碍。为了能让观众听明白演员在讲述什么,我们通过以下方式进行整改。

使用一种叫“小蜜蜂”的教师自配扩音设备。这样的装备在小的空间里还能显现出它的扩音效果,但一旦在大的空间里,那声音就真的变成“嗡嗡”了。

使用话筒。学校礼堂里,话筒的音效还是不错的,但需要演员拿在手里,可想一个演员手拿话筒,外加动作,该是多么不自由。

使用耳麦。耳麦是最理想的舞台表演音效工具,可惜的是,非专业场地往往数量受限。

使用合成录音。这样也不行,那样也不行,到底有没有一种合适的方式把音效传递出去呢?我们想到了一个办法,那就是提前把台词录好,演员到舞台上对口型。在任何场地都能使用,方便了演员,不过也限制了演员的现场发挥。

以上都是我们为提升校园心理剧在舞台上的表演效果所做的努力,虽然也有很多不足之处,这都是我们将此项活动向前推进的宝贵经验。

第四节　校园心理剧的分享

演出结束后,就进入非常重要又激动人心的分享阶段了,参与分享的有参演的演员,心理辅导教师,台下观看的教师、学生、家长等。教师要设计一些问题让参演的学生和台下观众一起讨论,这样可以把观众的想法和情绪带到剧中,从而正视自己与剧中类似的情感体验,找到问题的症结,达到校园心理剧的教育目的。那么,校园心理剧分享的内容有哪些呢?

一、校园心理剧分享内容的切入点

第一,可以从剧中的任意一个角色切入,设想如果自己是心理剧中的一员,会如何处理当时的情况。第二,观众可以对观看的心理剧提出建议,对心理剧的教育和辅导效果进行评估等。第三,分享内容也可以是与心理剧相关的任何问题,如剧本的现实意义有多大,心理剧演出的满意度如何,类似的情形有没有更好的解决办法,对学生们的教育意义有多大等。

二、校园心理剧分享阶段的注意事项

(一) 要注意营造氛围

在分享阶段,心理辅导教师可以抛砖引玉,为大家营造一个可以畅所欲言,没有对错之分的分享氛围,只要是自己想到的,都可以毫无顾忌地说出来。同时心理辅导教师需要准备一些具体的、操作性强的话题给大家。在分享阶段,我们可以不用太关注发言者表达能力的强弱,只要分享的内容能引起大家的共鸣,能起到辅导和教育的效果就可以。

(二) 分享形式应多样化

一场校园心理剧结束,我们要进行分享。在分享的时候,最好以多种多样的形式,不要局限于单一的讨论形式。

在校园心理剧实践中,分享者包括所有参与者,他们自身的体验与感悟最重要。其实,在特定场所表演这只是校园心理剧演出的形式之一,它的过程为观众先观看表演,心理辅导教师再组织分享讨论,其优点是能够在人数较多的条件下进行演出,缺点是难以组织分享。

关于分享,每次校园心理剧演出结束后,大家都感觉要说的东西太多了。不论是演员、心理辅导教师,还是观众,每个群体都有自己看待问题的角度,都有着自己独到的见解。

三、创编教师分享

分享一:以排带教,促进成长

初次接触校园心理剧,无论是教师还是孩子们都有点不知所措,无从下手。在经过上网查询资料,教师们之间的讨论,以及师生之间的交流之后，才在心里大概有了一些眉目。

首先，校园心理剧肯定要反映出主人公前后心理的变化，而这个变化的关键是来自教师、同学、家长等周围人的帮助，同时还需要自身的反思和觉悟。有了这个大概的轮廓之后，我们决定开始寻找题材。经过反复斟酌，我们决定选取最简单、最普通的一个心理剧主题——一个孩子学习态度的转变。有了这个主题，就有了大概轮廓。当需要补充具体内容的时候，我们大胆创新了一次，将剧中的“周围人”设计成主人公家里的“电器”，赋予了“电器”生命，这样会使我们的心理剧更加生动活泼，观看的孩子们更容易接受。

有了剧本，我们开始了编排工作，在编排的过程中，教师们发现参加演出的学生不仅没有因为排练耽误自己的课程，反而更加积极地完成学习上的各项任务。闲聊之中，学生们说：“我觉得自己挺像乖乖（心理剧中的人物）的，不爱学习，有点懒，不过现在我知道就算生活条件优越，也不能偷懒不努力学习。”还有的说：“以前我一有不会的作业就让姐姐告诉我怎么做，自己从来不动脑筋，也没觉得怎么样，可现在我看到乖乖，觉得自己不能再像他一样了。”……这些小演员们都从乖乖身上看到了自己的影子，同时决定改变自己，使教师们的付出又多了一分收获。

当校园心理剧排成之后，在学校里也演出了几次，使更多的孩子认识到了自己的错误，学习态度也有所改变，看来校园心理剧作为一种团体心理辅导活动给我们带来了比课堂说教更为明显的效果。

而下面这个教师的分享，又从学校立体管理方面给我们以启发。

分享二：影响校园心理剧排练的因素

（一）校园心理剧排练离不开领导的重视

2011年3月16日，开完心理健康教研会议后，我就立刻把管城回族区即将举行校园心理剧比赛的通知汇报给主任，短短一天的时间，经开会研究，就组成了一支经验丰富、有强烈责任心的校园心理剧编排团队，其中贾新敏老师担任组长，蔺红老师、周军英老师、马玲玲老师负责编剧，王菊红老师、许艾娜老师和杨洋老师负责音乐，赵桢杰老师和耿惠英老师负责技术指导。领导还要求尽快编写出剧本，尽快投入排练。本学年因货栈街小学重建校园，我校和货栈街小学在一个校园上课，因此教室非常紧张，领导非常爽快地把新建成、仅用过一次的报告厅让我们排练时使用，排练过程中有什么困难，只要我们开口，学校会尽全力给予解决，有时主任和校长还同我们一起排练至结束。有了领导的大力支持，我们感到很温暖，信心更足了，干劲更大了。

（二）校园心理剧排练离不开和谐、敬业的教师团队

中国有句古话："千人同心，则得千人之力；万人异心，则无一人之用。"领导把这个任务布置给编排团队后，在组长的带领下，三位编剧通过查找大量资料，研读心理书籍，加班加点，针对现在独生子女较多，他们容易形成以自我为中心、嫉妒别人这一心理现象，形成了我校心理剧《为友谊拍手》的初稿。接着是选演员，在角色的选择上教师们也费了很大的功夫，我们选的都是四、五年级的学生，当时学校正在进行国旗护卫队的训练，教师推荐的学生有几个是国旗护卫队的，我们只好初步选定了适合本次心理剧角色的其他9名学生。排练时，编排团队的教师都能很自觉地全部到场，并不因为自己只负责编剧或只负责音乐而不参加排练，尤其是9名辅导教师中有8位都是班主任，班上的事务非常烦琐，各个部门布置的事情也比较多，但他们克服种种困难，每天坚持排练到下午六点半，每当下班铃声响起的时候，教师们还在认真辅导学生进行排练，晚上回家再完成学校布置的其他工作。在排练的过程中，为了使剧本中的矛盾更激烈，每一个细节更真实，更贴近生活，每一个动作更加到位，有什么好的意见或建议，大家畅所欲言。临比赛前一天的下午，针对走场后出现的问题，我们又对剧本进行了简单的修改，才使我们的剧本更加完善。在排练的过程中，由于某个角色表演得不到位，我们很无奈地更换演员，这时被替换下来的演员心里有些失落，教师们不忍心看到他们伤心的样子，就很真诚地和他们沟通交流，进行心理疏导，直到笑容又重新回到了这些孩子们的脸上，教师们才放下心来。这是一支多么和谐、多么敬业的教师团队啊！我为你们感到骄傲

和自豪！

（三）校园心理剧排练离不开小演员们不怕苦、不怕累的精神

虽然每天的排练都非常紧张，但小演员们每次都能按时到场，认真排练，不怕苦、不怕累。他们晚上回家还要完成教师布置的家庭作业，经过一段时间的磨合与练习，演员们在相互磨合中形成了一定的默契，每位演员都会非常敬业地扮演好自己的角色。从全体演员身上，我看到的、感受到的，也许比舞台上的演出更真实、更精彩、更感人！他们为了此次比赛付出了艰辛的努力和辛勤的汗水。

分享三：幸福的密码

2011年12月，郑州的冬季已向我们悄然走来，但是，我们南十里铺小学并没有被这股强冷空气熄灭热情。因为我们学校一帮青年教师正在用智慧、激情上演一出《婆媳的幸福密码》。

12月一个周一的下午，办公室传来了急促的电话铃声。王小五校长把我们英语办公室的三位老师召集到了校长办公室。平日里一向与我们打成一片的王校长今天格外严肃，一脸凝重地对我们说："今天叫你们几个来，就是通知一下，确定了你们出演管城回族区的重头校园心理剧，剧目名字暂定为《婆媳的幸福密码》。角色你们自己分配，目前只有一个大纲，没有台词，而且区里面希望我们以音乐的形式来表演。"听完这些，我们几位在座的教师纷纷议论，我们可都是师范学院毕业的，不是戏剧学院的高才生。现代教师的确要掌握各种技能，但如今已经发展到要会演、会唱、会跳的局面了吗？更要命的是演出就定在本周六，在开封汴京饭店，这下可真让我体会到了什么叫"赶鸭子上架"，没有办法，硬着头皮上吧！俗话说得好：三个臭皮匠顶个诸葛亮，更何况我们是一群有理想、有抱负、思想上天马行空的年轻教师，完成一个十五分钟的校园心理剧，应该是没有问题的吧。

我们不要做思想上的巨人，行动上的矮子。心理剧的大纲已经定下，目前最棘手的就是台词，台词是一个剧目的灵魂，所以首要任务就是编词、

对词、修词。大家绞尽脑汁，将每个教师的角色都安排好，你一言我一语地热火朝天地做起了编剧工作。有时，一个教师的经典对白，引得大家连连称赞；有时，前后衔接得不恰当，每个人都陷入深深的思考，想到一句，就马上与大家商量，分享。就这样一个下午的时间，火爆、犀利、幽默、质朴的台词新鲜出炉了，一个问题解决了，我们要乘胜追击，因为最后一幕，想给大家耳目一新的感觉，我们决定用舞蹈来吸引大家的眼球。对于我们这些跳舞像做广播体操的教师来说，着实是一个不小的挑战。但是，为了能在演出中大放异彩，我们豁出去了！编舞？又一个难题摆在眼前，这时我们的音乐教师王曼挺身而出，通过网上借鉴，加上我们的创意编排，《热情的沙漠》这支舞就这样应运而生了。虽然肢体不够协调，虽然舞姿谈不上优美，但是这出集结我们智慧、心血、激情的校园心理剧让参与其中的教师都有一种说不出的满足、自豪。

经过一次又一次的磨合、排练，加上不断添加的道具，还有配合天衣无缝的音乐，我们的校园心理剧堪称完美，就等上台演出了。有志者，事竟成。我们的心理剧在开封汴京饭店火热开演，所有参演的教师都用他们激情四溢的表演震撼着在场的每一位观众。欢呼声、掌声、笑声仿佛都在告诉我们，我们成功了，一个星期的努力赢得了大家的好评。有些嘉宾甚至怀疑我们根本不是这个学校的教师，而是从外面请来的表演人员。听到这样的褒奖，让我们这帮年轻人信心大增了。

参演心理剧给我的内心带来了很大的触动。它让我体会到了什么叫作团队精神，与同事之间的创作与亲密无间的合作是我最大的收获。最重要的一点就是人要勇于挑战自己，勇于告诉自己：你可以的！只要坚定这个信念，成功不会太远。心理剧的演出已告一段落，我们将秉承这种团结协作、勇攀高峰的精神迎接下一个未知的挑战。

四、排练心得分享

分享一：润物无声

“望子成龙”“望女成凤”是父母们的期待,也是心愿。可是有的父母把子女的分数当成唯一的成才标准,忽视了对孩子健康人格的培养,造成孩子嫉妒、自私、冷漠等不良心理,严重影响了他在学校中的学习、生活、人际关系、情绪管理等。针对学生中普遍存在的这种心理问题,我们编写了剧本《携手同行,一起飞翔》。

在辅导排练的过程中,我发现小演员们都有了可喜的变化。由刚开始时的好奇、嘻嘻哈哈,到后来的严肃认真,尤其是在心理剧演完后,他们仿佛更懂事了,他们能够在意别人的反应和感受,学会换位思考了。其中,小主人公的变化最明显。在挑选小演员的过程中,我们有意识地挑选了过于要强的一个学生来演小主人公。这个学生平时在班中学习优秀,但人际关系不太好,总是有高人一等的感觉。对学习比她更优秀的同学,她采取的是疏远的态度。尽管教师也多次找她谈话,但收效甚微。这次通过排练表演剧中的角色,突然发现这个学生处理同学关系的方式改变了许多,尤其是能看到别人的优点,对自己也有更正确的认识了。

校园心理剧作为一种新颖的心理健康教育方式,以学生为本,学生自编自演,深受学生喜爱,同时也达到了“润物细无声”的育人目的。

分享二：感动、感谢、感悟、感行

接到管城回族区要进行校园心理剧比赛的通知,学校领导就立刻组织师生行动起来,进行编剧、排练。回想整个排练、比赛的过程,我感触颇多。

在排练的整个过程中,我被深深地感动着。我们学校虽然小,六个年级共有12个班,师资力量相对比较薄弱,但是接到校园心理剧比赛的通知后,学校立刻成立了6人辅导小组:3名语文教师负责编剧、编排,1名音乐教师和1名美术教师负责背景音乐、场景布局等,1名计算机教师负责查找课件资料。学校领导高度重视,教师们也满怀信心,大家立刻行动。结合学生现状，分析学生中可能存在的心理问题，确定了几个主题，大家一起讨论，最终确定了以“同学之间发生矛盾最终和好”为此次心理剧的主题。接着就是编剧、审查，然后在全校范围内挑选小演员。这一切准备工作完成后，就进入了一次又一次的排练，我们在正常的教学工作之余，在不影响心理辅导教师教学与小演员们正常学习的情况下，抓紧时间进行排练，经常组织学生提前到校排练，晚上排练结束时天早已黑透了。这样一次次地修改，实践完善，只为挖掘小演员们的最大潜力，只为呈现更加精彩的心理剧表演。

感谢所有的支持者与付出者，在近段时间里，同事们与同学们无私的支持与忘我的奉献，每个人所表现出来的团队精神、主人翁意识，让我深深地感动。感谢大家赠予我的这份感动，我体验到了那种很多人在一起为同一件事情共同努力、相互扶持的幸福感。

在排练过程中，我仿佛重新回到了富有激情的学生时代。这段时间里，我们一起付出、一起欢笑、一起成长、一起收获。感谢大家，感谢这次机会，感谢这次经历。

校园心理剧已经成功落幕了，好的结果固然让人欣慰，但是我收获更大的是从中得到的感悟。

有毅力，能坚持，有付出就有回报。做好细节，细节决定成败；办一件小事难，办好一件小事更难；因为每一件小事都由很多小细节组成，一个细节出了问题，就有可能影响整体进度。有实践才能有成功，一个活动的开展，开始必须要有想法，但是并不是有想法就可以了，必须统筹规划，最重要的是必须付诸实践。

本次活动暂告一个段落，但是这不是终点，我们会把它当作我们一项新的工作的起点，我们将继续通过校园心理剧的形式，把这些经常发生在学生身边的真人真事搬上舞台，通过角色扮演打动学生的心灵，引起学生的共鸣，让他们在不知不觉中敞开心扉、化解心结，从而端正思想、规范行为，养成良好的习惯。

校园心理剧也将成为学生自主解决心理问题越来越重要的有效方式。

学生通过自编、自导、自演,创设一种真实的情境,在表演中明辨是非,在欣赏中启发心智,在交流中端正态度,由被动接受转为主动反思,在亲身体验中缓解心理压力、培育健康心灵。

五、参演学生的分享

分享一:不要拒绝自己

"我不想演玥玥。"这是我看过《携手同行,一起飞翔》剧本后的第一想法。因为剧中的玥玥任性、嫉妒心很强,一看就是一个不讨人喜欢的角色。可是心理辅导教师却把这个角色分配给了我,我心里实在很不乐意,最初被选为演员的喜悦也一扫而光。然而,在一次次的排练中,我仿佛和玥玥融为了一体,不仅是因为我们的名字一样,更是因为我从玥玥身上看到了自己的影子:记得上次考试王同学比我考得好,我不也是嫉妒得要命吗?当妈妈对我说谁谁学习好时,我不也是心中有恨吗?我从来没有从自身找原因,我总是找一些外在的原因。随着校园心理剧的排练,我的心灵受到了一次次触动,同学之间、朋友之间,都要以诚相待,即使发生摩擦,只有正确处理,友谊之树才会常青。

校园心理剧的排练已过去了一段时间,但是剧中的那句话"携手同行,一起飞翔,飞向明天,明天更美好"一直在我心中回响。

分享二:新体验,新发现

记得上个学期,突然有一天,心理辅导教师告诉我学校要编排一个心理剧,选我做主角,我兴奋极了,晚上躺在床上翻来覆去地睡不着觉。"什么是心理剧?该怎么演呢?"我不断地想着这些问题。

第二天,我找到心理辅导教师,希望心理辅导教师能帮助我解答心里的疑问,但是心理辅导教师笑而不答,她说:"你自己试着找找答案吧!"我回到家中,开始上网搜索,找到一些关于心理剧的资料,也看了心理剧的视频。心里有了一些模糊的认识:心理剧,就是能反映主人公在周围人的帮助下,心理发生变化的一种剧目。

过了几天，心理辅导教师把剧本《好朋友》给了我，让我先熟悉剧情。看完剧本，我高兴极了，因为我们要演的心理剧和我在网上看到的视频不太一样，《好朋友》里的主人公乖乖周围的人是一群“家电朋友”，真有意思！

开始排练了，每一次排练我都有一些收获，后来我慢慢地发现，不只是我，那些扮演“家电”的同学们也有了一些变化。就说我吧，我发现自己有时候和主人公乖乖一样，有一些偷懒，觉得现在的科技越来越发达，生活条件越来越好，衣服不用洗，有洗衣机，地也不用扫，有吸尘器，电视机里有看不完的节目，有什么问题不懂了，直接上网搜索一下就知道了……生活这么便捷，我真不明白爸爸妈妈为什么还把我的学习看得那么重，学习用来做什么呢？可是出演了乖乖之后，我才恍然大悟——这么先进的科技，这么优渥的生活条件，都是前辈们努力学习的结果，他们用知识为大家创造了财富，让我们生活无忧，可是如果我们不再重视学习，只享受前辈们为我们创造的这一切，那么社会发展的脚步将停滞不前。

前人栽树后人乘凉，我们是祖国的未来，我们不能只做“乘凉”的那个人。

分享三：团队给了我成长的力量

前段时间，我很高兴参加了《携手同行，一起飞翔》心理剧的排演，我饰演剧中的萌萌。在排演的过程中，我懂得了很多道理，也受到了许多启发。

心理剧的主要内容是萌萌的好朋友玥玥因为嫉妒萌萌，做出很多伤害萌萌的事情。但是萌萌和教师、同学没有责怪她，而是发现她的优点，放大她的优点去帮助她，最终玥玥也认识到了自己的错误，和萌萌和好如初。

故事虽然简单，但是作为没有任何表演经验的我们，在排练中基本每一天都会因配合问题发生矛盾，刚开始大家还互相挑毛病，可是随着对剧本的了解，大家从玥玥身上仿佛看到了自己的影子，于是我们这个高低不同、年龄不一的小团队，越来越团结了。这使我触动很大，改变了我小心眼的毛病。现在无论跟同学发生什么矛盾，我都不会计较，而是一笑而过。同时我还学会了帮助同学的方法，这使我在班里的人缘特别好，深受教师和同学喜欢。

排演心理剧，让我受益匪浅！

分享四：我不再胆小了

我这次演的是心理剧《携手同行，一起飞翔》中的一名学生。其中的台词虽然只有几句，可是由于我平时比较胆小，说话声音比较小，因此让心理辅导教师颇为头疼，其实我自己总以为使了好大劲，可是发出的声音还是如蚊子的嗡嗡声。后来，妈妈在家里也辅导我，鼓励我，告诉我站在舞台上就要落落大方。渐渐地，我的胆子大了，在说台词时我还根据自己对人物的理解加进了动作，为此，我得到了心理辅导教师的夸奖。

在参演心理剧时，我不仅战胜了自己，还从剧中人物身上得到了许多启发。剧中，玥玥的妈妈总拿玥玥和萌萌相比，这也是我妈妈平时的做法，平时我虽然内心很是抗拒，可是自己理亏——谁让自己不如别人呢，于是总是以沉默回应。这次我故意以让妈妈辅导的名义把剧本拿给妈妈看，我惊喜地发现，虽然妈妈嘴上不说，可是妈妈的口头禅“你看谁谁谁……”少了。当然，我也要像萌萌一样，努力使自己成为品学兼优的学生，让妈妈更加“无话可说”。

分享五：向上的力量

我在校园心理剧《天秤座女孩》里饰演女主角韩筱嘉。我很高兴自己能演这个角色，也很喜欢这个剧本。这部心理剧不但生动地再现了我们周围发生的事情，也为我们解决生活中的问题提供了值得借鉴的方法。

我在剧中演的韩筱嘉本来是一位成绩优异、人缘很好的女孩，可是，自从班里转来一位叫罗婷婷的同学后，由于罗婷婷的热情开朗，使得韩筱嘉产生嫉妒心理。最后，在同学和教师的帮助下，韩筱嘉的心理发生很大转变，摆平了心中的秤，最后韩筱嘉和罗婷婷成了好朋友。回想编演以来的心路历程，我觉得自己收获了很多，成长了很多。

要守时。我们这些小演员来自全校不同的班级，大家从不同的楼层集中到排练室时，时间总会耽误，但随着排练次数的增多，我们一次比一次集合得快。

要自律。排练时偶尔心理辅导教师有事会离开一会,有个淘气的男孩就开始领头玩闹起来,既浪费了时间,又耽误了排练。在扮演教师的大姐姐的提醒下,大家排练越来越自觉了。不知不觉中,我们学会了自律,不论心理辅导教师在不在都会认真排练。

不指责别人,多帮助同学。排练中经常会有人忘词、笑场、表情不到位,开始时一有人出错,别人就会唏嘘不满,出错的人就会感到羞愧自责,这样很不利于排练。慢慢地,大家少了指责,越来越多的是理解、宽容和帮助,我们在一起排练时越来越和睦、快乐。

我调整了自己与同学相处的心态。排练中,我逐渐发现自己身上有韩筱嘉的影子:我在班上是中队长,深受教师的信任和同学们的羡慕,老师不在时,我就是“权威”,但是去年我们班转来了一名女生,她非常优秀,字写得漂亮,文章写得生动有趣,英语单词背得很快,连数学成绩也比我好。本来她说话有些结巴,但是教师表扬了她几次后,她有一次读作文时居然获得全班雷鸣般的掌声……我按捺不住了,开始报告班主任,她在课堂上爱说话,其实那只是课堂讨论,报告她值日时总是迟到,逃避劳动,影响班级卫生,其实她只晚到一次,并且按时完成了劳动任务……

我把自己和韩筱嘉一比较,我不就像她吗?怎么能这样呢?回想起她每次对我那真诚的笑脸,我真感到脸红、羞愧!我要像韩筱嘉那样知错能改,不能让嫉妒和不理智心理控制我。我也希望大家都明白,结交一个朋友不容易,但失去一个朋友很容易,友谊是非常珍贵的。

校园心理剧,反映了我们的学习生活,指导了我如何与同学相处,解决了我生活中的矛盾,调整了我的心态,真希望以后还能有参演的机会。

六、观众分享

分享:嫉妒,使人失去理智

嫉妒是一个可怕的东西,它总能让人们做出损人不利己的事。即使利己，它也是以损人为前提的。嫉妒可能让朋友变成敌人，让友情变成敌意。

可能有一个总比你优秀一点，机会总比你多一点的人，你有可能心甘情愿，努力争取下一次机会；也有可能你心里不舒服，开始讨厌他，这些都是正常的心理。但当你想报复时，一定要控制住自己，冲动会让你做一些让自己后悔的事，此时你要放平心态，接受别人的优秀并努力提升自己。

你的好朋友得到了你没能得到的东西，你就要把它毁掉。你有没有想过，这样做会伤害你们的友情。就像故事中的贝贝和佳佳，佳佳得到了参加比赛的机会，贝贝就想报复她。这样不但会伤害她们的友情，更多的是会被同伴看不起和被自己的良心谴责。

嫉妒会使人失去理智，我们不要总计较失去了的东西，我们要去争取，去努力，去向前看，这样才可能得到真正的成功！

七、专家经验分享

分享一：巧用校园心理剧，促师生健康成长

（一）寓教于乐，润物无声

谈不上经验，只是与大家分享管城回族区关于校园心理剧的一些做法。在这里，有必要和大家分享我对心理剧的有关认识。说起校园心理剧，我就想到了寓教于乐，思考了有关寓教于乐的三个问题：

第一，什么是寓教于乐？“寓教于乐”最早是古罗马诗人、文艺理论家贺拉斯在《诗艺》中提出的有关诗的作用的一个重要观点，即诗应带给人乐趣和益处，也应对读者有所劝谕、有所帮助。“教”，指社会道德教育，教是目的，“教”通过“乐”的手段才能实现，教化功能在诗和艺术作品中不应脱离使人获得愉悦的具体形象，欣赏者总是在审美体验和审美感受中得到陶冶、教化的。那么校园心理剧呢，作为一种行之有效的团体心理辅导方式，它的重要性，就不言而喻了。

第二，寓教在哪里？寓教于文艺演练，寓教于体育活动，寓教于文化生活，寓教于游艺交际，寓教于旅游观光等。今天我们主要说寓教于文艺演

练，即用戏剧、舞蹈、歌曲、相声等形式进行的教育，让正确的人生观、价值观占领思想文化阵地，唱响主旋律，使学生在文艺活动中感受和认知真、善、美。戏剧是什么？戏剧是一只盛满情感的酒杯，是一块滋养生命的土壤，是一个儿童走向解放、探索自我的通道，是一个博大的艺术容器，更是一种完整的人的教育！因此，巧用校园心理剧，开展心理健康教育很有必要。

第三，如何寓教？我们管城回族区是通过开展校园心理剧活动进行寓教的。当然，他不是寓教的唯一途径，但确实是一种有效的途径。心理剧是戏剧的一种演变形式，是一种特殊的戏剧形式，本质上讲，它是一种心理疗法。如果作为团体心理辅导的一种方式方法，以预防为主的话，完全可以把音乐、舞蹈等艺术元素融入进去，集娱乐性、趣味性、实用性于一体。因为它寓教于乐，润物无声。

（二）精心编排，精彩演出

关于编排演出这部分，如何搜集资料、编写剧本，如何挑选演员，如何把音乐、舞蹈等艺术元素融入心理剧，后面的编排教师会详细向大家介绍，这里我就不再赘述。

（三）回味演出，盘点收获

管城回族区已成功开展几届校园心理剧展演活动，并以此为契机，推动了我区心理健康教育工作的扎实深入开展，丰富了孩子们的校园文化生活，增强了心理健康教育的实效性和针对性，也提高了我区心理教师的专业水平和业务能力。我们常常在回味演出的同时，也盘点了一下收获。

1.通过开展校园心理剧展演活动，提高了学生的自我心理保护意识。处于心理成长期的孩子们，难免会出现这样或那样的心理问题，但是他们对大人或多或少存在一些抵触情绪，不愿意向教师或父母寻求帮助。如果这些问题压在他们内心长期得不到解决，就会产生更多的心理问题。通过校园心理剧，学生认识到了问题的存在，那些还不知道自己有心理问题的学生能够及时察觉，充分意识到了自身的问题。正像有的同学所说："这样的活动让我明白了书本上看不到的东西，我好像一下子长大了！"

2.校园心理剧在一定程度上解决了一些学生的心理障碍。我区历届展演的校园心理剧，都是通过设立针对性的主题，有效解决学生长期存在心中的疑问，增强了他们战胜问题的信心和勇气，达到了对他们进行心理辅导的目的。当然心理问题是长期逐渐形成的，不可能短时间得以完全解决，但是，这种活动所取得的效果比其他的心理辅导方式显然要好得多。

3.校园心理剧展演活动为学生提供了同伴心理互助的平台。校园心理剧，使学生在表演中学会调适心理状态、减轻心理压力、解决心理问题，达到"润物无声"的效果，对促进学校心理健康教育工作起到非常显著的作用。

4.校园心理剧促使学校领导对心理健康教育工作有了一个新的认识。正如郑州市教育局心理健康教育学科主任尚新华所说："校园心理剧不仅丰富了学生的校园生活，起到了心理辅导作用，而且它的效果显著！"尤其是第一届校园心理剧展演活动结束后，教师们反映，学校领导看完那些参演的心理剧，受到很大触动。有的学校领导说，心理健康教育工作确实重要，还真得重视起来；有的领导说，要在家长会上把校园心理剧录像放给家长看，让家长理解孩子；也有的领导说，要把校园心理剧录像放给教师们看，让教师反思自己的言行。

（四）总结反思，促进成长

几届校园心理剧活动的成功开展，让我们取得了一些经验，在这里想和大家分享一下：

1.集体力量大，人多智谋广。俗话说：单丝不成线，独木不成林；一花独放不是春，百花齐放春满园。这些话充分说明了集体力量大。做心理健康教育这项工作更要充分发挥集体的力量。当然，演出的好多优秀剧目也正是因为学校组建了心理剧创编团队，才取得了成功。所以，在这里，我想对大家说的是，做心理健康教育这项工作，要靠团队的力量来完成，大家要携手同行，一起成长。

2.行动践行心育。我区历届校园心理剧展演活动的成功举办，就是在用行动来践行心理健康教育工作。你无须天天在领导面前强调心理健康教育学科多么重要，也无须时常找领导去寻求什么支持，更无须抱怨领导对你做的工作不够认可。你唯一要做的就是：行动！工作中，无须抱怨，无须埋怨，除了行动，还是行动！只要你去做，用心做，你就会做出成效，领导也一定会支持你的工作。通过开展校园心理剧展演活动，我们已经深切感受到，校园心理剧是心理健康教育的一种有效途径，它受益面广，影响力大，寓教于乐，润物无声，值得推广！

第五节　校园心理剧的功能

校园心理剧是一种以艺术的形式来反映学生心理矛盾和心理冲突，在表演分享中达到教育和辅导目的的一种心理辅导形式。它辅导面广，渗透性强，是一种大型的团体心理辅导活动，比单纯的说教效果要好。

一、预防功能

学校心理辅导兼有预防、矫治与发展三种功能，但就整体而言，应该是预防、发展重于矫治。俗话说“百治不如一防”，校园心理剧在预防学生心理问题方面起着未雨绸缪的作用。有很多家长认为，等学生有心理问题后，才有必要进行心理的疏导。其实，不是这样。

二、辅导和矫治功能

一些在校的小学生存在程度不同的心理问题，因此，为了让他们健康成长，必须对症下药进行辅导和矫治。

个别辅导和团体辅导是小学生心理问题矫治的重要途径。这两者的区别在于个别辅导是一对一的，虽然针对性较强，但是学生不容易敞开自己的心扉，不敢暴露自己的问题，而团体辅导就不一样，它让学生们在与其他成员的表演中去发现和正视自己的问题，尤其是看到其他成员身上也有跟自己类似的经历和挣扎时，会减少内心的孤单、无助、不满等不良情绪，从而获得认同和接纳，有信心去面对自己的问题，然后去积极地解决问题。此外，校园心理剧辅导有助于学生助人又助己。在排练过程中，同学们之间需要互相配合，互相帮助，从而获得别人的认可，在这个过程中，同学们也可以分享自己的经验，以便为别人提供参考。同时，学生们也更容易把学到的东西运用到日常生活学习中，使辅导效果更容易得到巩固。

三、培养功能

校园心理剧通过选定与学生发展相应的主题，创设情境，排练并表演，让学生在排练、表演的真实体验中，学会怎么处理类似的事情。对参演的学生而言，不但锻炼了他们的胆识、心理素质和应变能力，而且还锻炼了他们的表演才能和出谋划策的能力，为以后的全面发展打下了良好的基础。

实践证明，校园心理剧是非常有效的心理辅导形式，但不是唯一的一种形式。在实践中，一定要结合其他的方式比如主题教育、心理讲座、个体辅导、团体辅导等来进行，这样才能收到较好的效果。

学校在实施校园心理剧活动时，一定要明确校园心理剧的特点。校园心理剧辅导所呈现的问题一定是在学生中具有普遍性和典型性的问题，校园心理剧的目的是预防学生心理问题的产生和培养学生良好的心理品质，是以预防性和发展性为目标。

校园心理剧能强烈地引起观众的共鸣，以舞台演出这种学生最为喜闻乐见的形式将心理健康教育融入其中，以感动唤醒、心理宣泄、体验反思等不同手段帮助学生心灵成长，促进学校心理健康教育多元化，使学校心理健康教育方式更加丰富多彩。

第二编　剧本精选

朋友篇

一、为友谊拍手

【剧情简介】

贝贝和佳佳，两个聪颖漂亮的女孩，同是学校舞蹈队的佼佼者。一次，善良的佳佳被选中代表学校参加市舞蹈比赛，身为好友的贝贝与其同行，因嫉妒心作怪，贝贝将佳佳的伴舞光盘故意损坏，最终导致佳佳退出比赛。贝贝从此心里惴惴不安，处处躲避佳佳。善良的佳佳发现其秘密，没有告诉老师，而是自己默默地安慰贝贝，二人终又成为朋友。

【人物简介】

佳佳：女，美丽善良。

贝贝：女，漂亮却有点小心眼。

琪琪：女，天真可爱。

陶陶：男，好挑事端。

老师：女。

【剧本】

第一幕：暗藏风波

开场：（舞蹈教室，老师带领学生在训练）

老师：停，这位同学，你的头再抬高一点。

陶陶：杨老师，杨老师，校长找你。

老师：好的，佳佳，你先负责训练，我去去就来。（学生在佳佳的带领下

训练）

佳佳:好的,大家准备,我们再来一遍。

贝贝:呀,佳佳你怎么搞的,把我的新鞋都给踩脏了,你快点给我擦擦呀!

同学们:怎么了,怎么了!

佳佳:对不起,对不起,我不是故意的。(佳佳蹲下给贝贝擦鞋)

贝贝:不是故意的有什么用,先给我擦干净再说吧。

贝贝:哎呀,起来吧,起来吧,反正你也擦不干净。

琪琪:贝贝,你忘了,上周管城回族区举行的舞蹈比赛,你跳的《白雪公主》太棒了,洁白漂亮的裙子,精致的花冠,简直漂亮极了。

陶陶:我和佳佳是好朋友,我知道那条裙子是佳佳的,是佳佳的爸爸为佳佳买的生日礼物,佳佳还没有穿过一次呢就借给你了,踩一下你的新鞋,至于吗?

同学们:对呀,至于吗?

贝贝:踩的又不是你们的鞋子,你们怎么知道我现在的感受呀!

老师:(走进舞蹈教室)同学们,告诉大家一个好消息,下个月十六号,我们学校将派代表参加全市舞蹈比赛,你们猜会是谁?(全体队员纷纷猜测)

全体同学:肯定是贝贝啦!

贝贝:肯定是我啦!

陶陶:肯定是佳佳。(陶陶把佳佳拉到一边)你舞蹈跳得那么好,长得又漂亮,这次比赛非你莫属喽。

佳佳:(平静地)这种事情不要随便猜测吧,我们要听学校的安排。再说,我们大家都很棒的,谁都有机会参加。我们要对自己有信心。

贝贝:我看是你没信心了吧!

老师:大家不要猜了,现在我公布结果,是佳佳的独舞《雀之翎》,大家一起祝贺她呀!(全体鼓掌)

佳佳:谢谢大家。

老师:学校还决定贝贝也一同去,你们是好朋友,一定要共同努力,取得优异的成绩!

佳佳:(拉着贝贝的手)贝贝,贝贝,太好了,我们可以一起去了,你一定要帮我呦!

同学们:加油!加油!

贝贝:(猛地甩开佳佳的手,走出了教室)我还有事,哪有时间帮你呀!

佳佳:哎,贝贝,你怎么了?(佳佳跟着贝贝跑了出去)

老师:今天就练习到这儿,大家赶快回家吧!

陶陶:(晃晃脑袋,一副幸灾乐祸的样子)瞧,嫉妒了吧!

第二幕:虚伪的掩饰

旁白:贝贝因为没能参加此次比赛,心里一直闷闷不乐,她独自来到小湖边,坐在湖边的石头上无聊地扔石子。

贝贝:哼!有什么了不起,我才不是你的好朋友呢,不就是你家有钱嘛。

佳佳:(看见贝贝,便朝湖边走去。悄悄地从后面轻轻地捂住贝贝的眼睛)猜猜我是谁?

贝贝:谁呀!

佳佳:(不解的,却似有所悟的)哎!贝贝,你怎么了?

(贝贝不语)

佳佳:我们是从小的好朋友,我了解你,是因为这次比赛的事吧?我刚才去找过老师了,老师说是因为我的舞蹈比较符合这次活动的主题,才让我去参加的,并不是因为我跳得比你好,不要生气了,好吧!

贝贝:(看了看佳佳,不自然地笑了笑)没有啦,正像你说的,谁让我们是多年的好朋友,你代表学校去市里参加比赛,我当然高兴了,你会成功的,我相信你!(贝贝的眼里闪着一丝让人捉摸不透的眼神)

佳佳:(如释重负地松了口气,搂着贝贝的肩膀)那,我们去吃冰激凌,我请客。

贝贝:得了吧,还吃冰激凌呢,我还是陪你去练功吧,不要辜负学校、老师、同学们对你的期望啊!

佳佳:(开心地笑了,甜甜地)谢谢你,我的好朋友!下次你去比赛,我一定也尽心尽力,让我们一同飞翔吧!(两个人手拉着手,向舞蹈教室跑去)

琪琪:(乐呵呵地看着她们,对身边的陶陶说)瞧,她们多好啊,像亲姐妹一样呢!

陶陶:(一副未卜先知的样子,阴阳怪气的)真有那么好?

琪琪:(琪琪不解地看了看陶陶)好了,好了,我们不说了,快走吧。

陶陶:等等我呀!

第三幕:嫉妒的爆发

旁白:贝贝虽然表面上帮助佳佳练功,对她照顾得无微不至,但嫉妒之火却一直在贝贝的心中燃烧,比赛马上就要开始了,她会怎么做呢?

佳佳:快要轮到我了,好紧张啊,我要再练习一遍。(佳佳正投入地练习)

老师:(老师拍手上场)佳佳,你练得真认真,不要紧张,老师相信你,我们大家都相信你,只要你尽力了,不要在乎其他的。

佳佳:放心吧,老师,我会努力的!我不会辜负您对我的期望,相信我!

老师:好的,我们再去练练。

贝贝:(背过身去,心里的那股子酸劲此刻像潮水一样,瞬间变成了怒火,心里恨恨的)我不会让你成功的。怎么办呢?对了,光盘,伴舞光盘。(贝贝把伴舞光盘放在舞蹈凳子上)再放靠边一点吧。

贝贝:佳佳,你渴了吗,我去给你倒杯水吧。

佳佳:(笑着看了看贝贝)好的,麻烦你了!

老师:佳佳,你看贝贝,你来参加比赛,贝贝不但没有生气,还陪你练功,对你无微不至地照顾,她真是个好孩子!

佳佳:嗯,我们是好朋友嘛!

贝贝:(端着两杯水笑盈盈地走了过来)来,老师,佳佳,喝点水。

佳佳:你呢?

贝贝:我……我喝过了。

佳佳:那你坐下来休息一会吧,看你累得,脸上都出汗了。

贝贝:谢谢。(贝贝看了看光盘,狠狠地坐在光盘上,咔的一声,伴舞光盘坏成了两半。贝贝迅速起身,“啊”,老师和佳佳同时惊叫了起来)

贝贝:对……对……对不起!

(佳佳哭着在地上捡着自己的光盘)

贝贝:老师,我真的不是故意的。

老师:你要好好地反省自己。

老师:佳佳,你也不要太伤心了,现在赶快想想有什么办法吧。

(此时,主持人宣布:下一个节目是管城回族区外国语小学的独舞《雀之翎》)

老师:马上到我们了,这该怎么办呢?

佳佳:老师,要不然您快告诉评委,我们因意外而自动退出比赛。以后,我们还会有机会的,相信我。

(老师看着懂事的佳佳,转身走了出去)

老师:好吧,现在也只能这么办了。

贝贝:佳佳,都是我不好,要不然,你肯定能得第一的。

佳佳:没什么,你也是为我好,我要是不喝水就好了。

(两人走出了舞蹈室)

第四幕:湖畔解心结

旁白:几天来,贝贝一直躲着佳佳,自己经常坐在小湖边,呆呆地望着时而泛起浪花涟漪的湖水,她为自己的所作所为深深自责,却不知道该怎么办?

贝贝:自从上次比赛我故意坐坏佳佳的光盘以后,我就一直高兴不起来,也不知为什么,佳佳对我那么真诚,我却被嫉妒心冲昏了头脑,我对不起她,真的对不起她,我该怎么办,我该怎么办呢?

学校广播站开始广播：同学们，告诉你们一个好消息，我校的“知心姐姐”热线开通了，如果你有什么烦恼和忧愁，可以拨打“知心姐姐”热线：××××××，知心姐姐愿意倾听你的心声，为你排忧解难，我们期待着你的来电哟！

贝贝：要不要给“知心姐姐”打电话呢？（贝贝犹豫再三拨通了知心姐姐的电话）

贝贝：喂，你好，请问您是知心姐姐吗？

知心姐姐：喂，你好，这位同学，我是知心姐姐，请问你有什么需要帮助的吗？

贝贝：知心姐姐，我可以告诉你一件事情吗？

知心姐姐：好的，请讲。

贝贝：上周我的好朋友佳佳去参加市舞蹈大赛，我非常嫉妒她，就故意坐坏了她的光盘，我的计划成功了，可是我却一直高兴不起来，知心姐姐你能帮帮我吗？

知心姐姐：这位同学，你想参加此次比赛的迫切心情我非常理解。请先听我给你讲个故事吧！

贝贝：好的。

知心姐姐：从前，森林里住着一只漂亮的孔雀，它的名字叫美美，她的羽毛五彩缤纷，十分娇艳。在她的不远处，住着一只高贵的凤凰，名叫丽丽，她有着一身红似火的羽毛，跳起舞蹈来高雅美丽。她是森林动物们挑选出来的“森林之花”。由于她们俩都很美，所以彼此嫉妒，谁都不喜欢谁，甚至相互间还会闹矛盾！

一天，她们在森林里不期而遇，美美骄傲地说：“我是世界上最美丽的动物，你们谁也比不了。”丽丽不甘示弱地说：“太好笑了，我才是世界上最高贵最美丽的动物，你看看你多丑啊。”就这样，她们你一句我一句地就吵起来了，到了最后竟然大打出手，你啄我，我咬你，最后她们美丽的羽毛都掉了一地，这时，她们很后悔，但是她们再后悔也来不及了，因为她们已经失去了美丽的羽毛。

从此,彼此嫉妒的“森林之花”就消失得无影无踪了,再也看不到她们的踪影了。

嫉妒是人心里的恶魔,使人丧失理智,最终损害了别人,也伤害了自己。世界上最宽阔的是海洋,比海洋更宽阔的是天空,比天空更宽阔的是人的胸怀。有了比天空更宽阔的胸怀,才能去包容万物,才能去欣赏和关爱别人,才能获得真诚的友谊。这位同学,你明白了吗?

贝贝:是的,知心姐姐,我明白了,谢谢你,再见。

知心姐姐:再见。

(此刻,佳佳也走到了湖边。手里拿着两个苹果)

佳佳:自从比赛回来,贝贝总是躲着我,看我的眼神也怪怪的,好像总有什么话要对我说,话到嘴边却又咽了回去,有机会,我一定要找她好好谈一谈。哎,贝贝,你在这呢,给你苹果,洗好的,快吃吧,可甜了。

贝贝:佳佳,对不起,那光盘……

佳佳:哦,是说光盘的事吗,那是一次意外,我不怪你。

贝贝:不是的,真的不是的,其实那光盘是我故意坐坏的。

佳佳:其实这件事我早就知道了,我早就原谅你了。

贝贝:真的啊! 那我们吃苹果。

(佳佳和贝贝一起狠狠地咬了一大口苹果,相视笑了)

全体同学:太好了,太好了,让我们为友谊拍手吧!

(全体同学演唱歌曲《拍手拍手》)

【点评】

本剧以“真正的友谊”为核心展开,有发生、发展、高潮和结尾,各个环节连接紧凑,故事从佳佳被选上代表学校参加舞蹈大赛开始,讲述了主人公对好朋友佳佳的羡慕、嫉妒,以至于后来故意破坏光盘阻止比赛进行等一系列事情,最后通过心理咨询师的开导,和佳佳的原谅,两个好朋友重新建立起友谊,以手拉手唱起歌为结尾,叙述了一个完整的故事,有矛盾冲突又有解决办法。

本剧塑造的性格鲜明的人物形象活灵活现地展现在观众面前:能说会道的快嘴“陶陶”,一个活脱脱的班级“小灵通”形象;骄傲,嫉妒心强,但是勇敢开朗的贝贝;善良宽容而且多才的佳佳;等等。

本剧形式变化多样,既有继承又有创新。(1)利用多媒体辅助手段扩展了舞台空间。剧中尝试用多媒体把需要的影音资料都汇集到一起,便于操作。例如校园小湖边的场景,就获得了丰富剧情,扩展舞台空间的效果。(2)形式丰富多样,具有舞台剧的艺术性。设计者巧妙地使用话外音来展示人物心路历程,运用对话来铺陈叙事,运用旁白来阐述诠释,运用歌曲来抒发情感、张扬个性,使得整个剧场犹如综艺的舞台,使学生沉浸其中的同时获得心理健康教育。(3)师生同台使剧场成为互动园地。以往的心理剧,教师只是在幕后做导演,今天教师走上舞台,以“平等中的首席”的身份参加表演,激活了学生的表演欲,使他们更为兴奋和投入。同时在表演中师生互相配合,教学相长,共同体验,共同进步。

我相信,只要我们齐心协力,定会开辟出心理健康教育的新天地。让我们的教育充满人性化,让学生在教师的培养、关爱、呵护下有一个无悔的童年,让我们为共筑学生健康的心理、完美的人格、辉煌的人生而努力!

二、你是我的朋友

【剧情简介】

小优是个文静秀气的女孩,她性格内向,不善表达,新学期伊始,对于插班生的小优来说极其渴望有一个朋友。瑶瑶是她最想结交的活泼女孩,最终,小优用真诚和自信收获了友谊。

【人物简介】

小优:来自农村,自卑、内向。

瑶瑶:开朗、活泼,爱好唱歌,被称为“金嗓子”。

同学甲:爱唱歌,刁钻。

同学乙:爱唱爱跳。

心理老师:博学多才,是孩子们的心理问题专家。

【剧本】

第一幕:五年级一班教室 歌唱比赛

旁白:一个阳光明媚的下午,五年级一班同学要举办一场别开生面的演唱会,同学们个个跃跃欲试,有"金嗓子"之称的瑶瑶(伸出剪刀手比耶),有"开心小组"琪琪(做鬼脸,挥挥手)等同学。(唯独插班生小优默默地低着头)

(音乐响起,第一个节目是瑶瑶演唱的《映山红》,获得了阵阵掌声,不愧为"金嗓子",嗨翻全场)

(第二个节目是琪琪等同学演唱的《外婆的澎湖湾》,给同学留下了不错的印象)

(轮到小优了,小优慢吞吞地走上台。低着头,拉着衣角,支支吾吾)

小优:我……我……

同学甲:你这么土,会唱什么呀?妹妹,不会唱就下来吧!别亮相了!又不是绝代佳人。

同学乙:就是,你看她的发型,哪个年代穿越过来的呀?

(同学们哄堂大笑,小优在嘲笑声中跑下台,趴在桌子上哭了)

第二幕:路途偶遇 再受打击

小优:(小声)那不是"金嗓子"瑶瑶吗?真想和她做朋友。

(小优几次想追上瑶瑶,都被自己的自卑打败了,眼看瑶瑶就要走进教室,小优鼓起勇气追了上去)

小优:瑶瑶,我能和你做朋友吗?我想和你一起上学。

瑶瑶:你什么都不会,我不想和你做朋友。

(小优眼泪落下来,低着头走进教室)

第三幕:心灵受创 寻求帮助

(下课了,小优独自一人在走廊上走着,抬头一看,看见了"心理辅导

室”,小优敲响了门)

小优:老师,我是新转来的学生小优,我老家在农村,我很自卑,什么都不会,没有一点特长,可我很想有个朋友,但是大家都不理我。我该怎么办?

老师:来到一个新的环境,你对周围的一切都不熟悉,大家对你也不了解,这都是正常的。要想和别人交往,首先要克服自卑。人和人是平等的,来自农村又怎么样?真诚地和大家交流,把你的想法不卑不亢地告诉大家。其次要变得强大,什么都不会可以慢慢学,要想赢得别人的尊重,得先肯定自己。明白吗?孩子!

小优:我知道了。谢谢老师!老师再见!

第四幕:小区门口 等待瑶瑶

瑶瑶:你怎么在这里?

小优:等你一起上学呀!

瑶瑶:你还真等呀!

小优:瑶瑶,我真的特别想和你做朋友,你活泼、开朗,又那么会唱歌,真羡慕你!我虽然什么都不会,但我可以学呀!我还打算拜你为师,跟你学唱歌呢!你愿意教我吗?(一下子说了这么多话,小优长长地舒了一口气)

瑶瑶:(愣了一下)那好吧。

小优:我帮你拿书包吧。

瑶瑶:不用,谢谢!我教你唱我们学校的校歌吧。

小优:好!好!我一定认真学。

(小优和瑶瑶唱着歌来到学校)

第五幕:瑶瑶支持 赢得友谊

同学甲:瑶瑶,你怎么和她一起来了呀?

同学乙:你审美有问题了吧!

瑶瑶:大家以后别这么说了,小优来到我们这个大家庭,需要我们的鼓励和支持,我们以后多帮帮她吧!

同学甲:好,“金嗓子”说得对,以后我们多鼓励和帮助小优。

小优:谢谢瑶瑶,谢谢大家!(击掌表示友好)

旁白:经过小优的不懈努力,终于可以完美演唱校歌了。在儿童节会演那天,小优站在台上和大家一起唱起了这首歌。

【点评】

人与人的沟通,心与心的碰撞,让小优自卑的心里又有了暖春,伸出我的手,敞开你的心,让我们心手相合,一起向前走……这是这部心理剧触动人心的地方。

孩子们的歌声很动听,一如她们纯洁的心灵。也正如剧中心理老师所言,和别人交往是建立在平等的基础之上的,首先克服自卑。其次是强大自己,增添自己的魅力。只有这样,才能得到别人的肯定,才会吸引人。

希望这部校园心理剧能给孩子一个展示自己的平台,发挥自己的长处,展现自己的风采,也希望通过这部校园剧心理剧,孩子们能够处理好同学之间的友情,努力学习!

三、我相信

【剧情简介】

张强是个乖巧懂事的孩子,但是结交了一些不好的朋友,导致学习一落千丈,在爸爸的教育下他决定发愤图强。新学期开始了,张强努力学习并抵制住了游戏的诱惑,虽然一些同学不相信他的改变,但最终他的改变还是赢得了老师和学校的认可与嘉奖。一天,曾经的朋友再次找他玩,他不知如何是好,在心理委员的帮助下他终于不再参与违纪的行为,并帮助曾经的朋友改正错误,最终共同进步。

【人物简介】

张强:主人公。

乐乐：心理委员。

小华：张强曾经的好朋友。

小明：张强曾经的好朋友。

佳佳：张强的同学。

浩浩：张强的同学。

【剧本】

旁白：我们的主人公张强小时候是个挺乖巧的孩子，可惜结交了一些不好的朋友后，开始逃课、打架，导致学习一落千丈。一方面张强很后悔浪费了这宝贵的时间，想要改变自己；另一方面，大家都对他没有信心，这让张强很是灰心丧气。但爸爸告诉他："只要努力，就会成功！"最终在父母的鼓励下，他下定决心不辜负他们的期望，好好把握住小学最后一年的时光。

第一幕：发愤图强

旁白：由于之前基础没打好，面对繁杂的课程，一时间，张强烦恼万分，不知该如何下手。

（张强正坐在做题，时而眉头紧锁、时而转着笔，似乎很难的样子。张强看看身边的同学，左手边是心理委员，学习很好，右手边是两位男同学，正在高谈阔论）

张强：你们作业都做完了吗？

小华：做什么作业！我们正在讨论游戏呢。最近新出来的那个游戏真是太棒了。（张强眼睛中透露出一丝丝兴奋）

小明：我们打算今天放完学就去玩游戏呢，都约好人了，要不算你一个，你也去？

张强：我……（低头略微思考）作业还没做完呢！

小明：还做什么作业啊！明天抄抄不就行了！走吧，走吧。

张强：可……

张强：我还是不去了，你们去吧。

旁白：张强重新回到位置上，坐定，拿起笔和本子，认真解起题来。

佳佳:张强这学期和以前不一样了。

浩浩:有什么不一样的,没看见刚才他还和爱玩游戏的小明聊天呢,还不是老样子。

佳佳:你看,他在自己写作业呢。

浩浩:那有什么,用不了两天就原形毕露了,我才不相信他能“改邪归正”呢。你忘了以前他是怎么在班上念保证书的了? 可是没有过几天,他的心思就不在学习上了。

乐乐(站起来走过去):这个题要这样解。

旁白:张强看向心理委员。

乐乐(笑着说):其他地方我也有些不懂,我们可以一起学习。

旁白:两人在一起做题。

旁白:一个学期过去了,张强因为成绩进步显著,获得学习进步奖。

第二幕: 友情“帮助”

旁白:张强的进步,引起了很多同学的关注,同样引起了一些同学的嫉妒。此时,张强正在认真看书,这时候迎面走来两人,这两位正是以前与他“交好”的同学。

小明(随手拿起张强的书把玩):张强,很用功嘛!(张强拿起其他书和笔,没理他们)

小华:你现在要做好学生了,不理我们了,是吧?(很生气的样子)

张强:我答应过我自己,要“改过自新”,请你们不要再来找我玩了,我不想再与不爱学习的你们玩了。

小明:想不跟我们玩,行啊! 但你得答应我们一个条件。

张强(迟疑了一下):什么条件?

小明:今天我们一起去教训一下小李怎么样?

张强(眉头深锁):这……

小华:这有什么好为难的,你以前不也干过……想当年,你可比我们狠多了,难道现在胆子小起来了?

小明:我们给你时间考虑考虑,(看向小华)我们走。

第三幕: 心灵对话

旁白:张强不知道该怎么办,左右为难。

替身1:去吧,只要再干一次,或许以后他们就不会再来打搅你了,你就可以专心学习了。(拉起主人公的一只胳膊)

替身2:不要去,这是违纪的行为,干一次,可能就又停不了手了。(拉着主人公另一只胳膊不让他走)

替身1:去吧,以前你不也干过,无所谓的。

替身2:不要去,你已经不是以前的你了,不要再次陷进去。

替身1:去吧,没人会知道的。

替身2:不要去,欺负同学是不对的。

替身1:去吧,不去你的世界将不得安宁。

替身2:不要去,一次糊涂可能成为堕落的开始。

替身1:不要再犹豫了,去吧。

替身2:不要做出让自己后悔的决定,不要去。

(主人公甩开两人,痛苦地往下蹲,发出悲鸣声)

第四幕: 获得帮助

张强:我该怎么办?怎么办呢?告诉妈妈?肯定不行,妈妈会很担心的。告诉班主任?班主任虽然对我很关心、很和善,但他是老师啊,如果知道我以前那些事,肯定不会再喜欢我了,我到底该怎么办呢?!(苦恼地抓头,低头)

旁白:我们的心理委员看到了这一幕,默默地在主人公身边坐下来。

张强(叹气):唉……

乐乐(轻快的声音,表示不知情):张强,你在这做什么呢?

张强(两人对视):我……

乐乐:你是不是有什么不开心的事啊,瞧你这一副失魂落魄的样子。

张强:我……

乐乐:有什么事,可以跟我说,如果我能帮忙的话。

旁白:张强抬头看着心理委员,欲言又止。

乐乐(拿出一颗糖给张强):吃吧！老师说,心情不好的时候,补充点糖分,会让心情变得好一点哦。

旁白:张强接过糖。两人一起撕开糖纸,将糖塞进嘴里。

乐乐:这是我们心理委员培训的时候,老师说的,我试过很多次,真的很有效!

旁白:张强看着心理委员,眼神充满着渴望,可欲言又止。

乐乐:好歹我也是个心理委员,有什么话就跟我讲讲嘛!(拍胸脯,表现出很自信的样子)或许讲出来就舒服了。我会为你保守秘密的哦。

张强(张强低头,慢慢地咀嚼着糖,抬起头来,眼神中透露出一股坚定):事情是这样的……(心理委员做倾听状)

旁白:张强将事情原原本本地告诉了心理委员。

张强:你说,我是去,还是不去呢?(眼神急切,希望对方给予答案)

乐乐(微微一笑):来,先别急。让我们想想,他们曾经也是你的朋友,对吗？你认为他们为什么要到处惹事呢？真的跟那么多人有仇吗?

张强:那时候我们确实相处得挺好,说实在的,我觉得他们也蛮可怜的,在家父母老是吵架,学习环境不好;在校学习成绩差劲,又被人看不起。唉,我想他们心里应该也不好受,有时做一些出格的事,只是不想被忽视吧?

乐乐:哦,你觉得他们也是想要学好的。那么,他们为什么还要叫你去做那件事呢?

(张强保持努力思考的样子)

乐乐:如果你去了的话,他们真的就不会再找你麻烦了吗？如果不去,后果真的就那么严重?

张强(略做思考):他们应该不会对我怎么样的。我知道,其实他们并不像大家认为的那样一无是处,他们也想学好,也想……只是大家没给他们这样的机会罢了……

乐乐：那我们能帮他们做些什么呢？（停顿）你看，这个学期马上就要期中考试了，你看……

张强（抬起头，站起来，满怀信心）：我想我知道该怎么做了。

张强（回过头面向心理委员）：谢谢你，还有，谢谢你的糖。（站起来，然后飞快转身离去）

尾声——共同进步

旁白：张强找到那两名同学，他们真诚地进行了沟通交流，希望能共同努力，迈向成功。最终，经过刻苦的努力，张强和昔日的两个铁哥们都在考试中取得了不小的进步。三个人高高兴兴地从学校走出来。

（音乐响起——励志歌曲《我相信》）

【点评】

校园心理剧是一种团体心理咨询和集体心理治疗形式，是一种使患者的感情得以发泄从而达到治疗效果的戏剧。在剧中，患者可以通过扮演某一角色，体会角色的情感与思想，从而改变自己以前的不当行为和错误认知。以校园心理剧的形式表现学生的心理矛盾、心理冲突、心理误区，能够使当事人宣泄情绪，消除内心压力和自卑感，增强当事人适应环境和克服危机的能力，从而使其从中获得启迪与鼓舞。

《我相信》这个剧本紧扣学生生活，剧本的构思精巧、独特，该剧剧情颇具典型性，心理剧的几个基本要素都已具备。加上演员精彩的表演，每一个情节都展示出主人公丰富、细腻、独特的内心世界。围绕主角的心理变化，不同配角的心理困惑、情绪起伏、认知改变，依次展开，行为的改变显得自然、真实、可信。主角、配角的表演运用了人格分解技术，让我们看到了一个处于彷徨中的心灵、一个有点类似神经症的人格逐渐整合的过程，达到了呈现冲突、分享经验、认知审视的目的。所有演员的表演都很到位，充分运用了肢体语言、表情语言，把各个不同人物的心理冲突展示得活灵活现。从而使情绪的宣泄、感受的拓展、心理的整合显得合情合理，在不知不觉中达到一种心理整合、心理治疗的目的。不足之处在于，情感宣泄不彻底,心理整合稍显不足。

校园心理剧揭示了深藏在当事人内心的症结,在导演的协助下,通过当事人目前的心理状态与行为特征,揭示内心症结的产生根源,有助于提高我们解决现实问题的能力。

四、我不再是丑小鸭

【剧情简介】

欣欣是一名外来农民工子女。和许多外来生一样,她刚到创新街小学的时候,由于与本地同学的生活、学习习惯存在差异,常常与同学发生矛盾,以致她的生活并不快乐,她就像一只孤孤单单的"丑小鸭"。可是后来,欣欣喜欢上了这所学校和她的同学。

【人物简介】

欣欣:外来农民工子女。

李老师:欣欣班主任。

晓恬:欣欣同学。

晓烨:欣欣同学。

欣欣妈妈:外来农民工。

欣欣其他同学3名。

【剧本】

旁白:欣欣是一名外来农民工子女。和许多外来生一样,她刚到创新街小学的时候,由于与本地同学的生活、学习习惯存在差异,常常与同学发生矛盾,以致她的生活并不快乐,她就像一只孤孤单单的"丑小鸭"。可是后来,欣欣喜欢上了这所学校和同学们。究竟在她身上发生了怎样的故事呢,让我们一起来关注欣欣的心路历程。

第一幕

旁白:这是新学期开学第一天,创新街小学五年级二班的同学们带着兴奋和期待，在热烈的谈论中等待着班主任李老师的到来。

（李老师上场，有人喊了声“老师来了，快坐好”。教室里顿时安静了下来）

李老师（面带微笑地走进教室）：同学们，这学期我们班来了位新同学，让我们用掌声欢迎她加入我们的班级。（学生鼓掌，欣欣略带紧张地上场）

李老师：欣欣，你先给大家做个自我介绍吧。

欣欣：大家好，我叫赵欣欣，今年11岁，我来自贵州，希望今后我在学习上有不懂的地方大家能够多多帮助我。

李老师：晓烨，你坐到后面去，欣欣，你就和晓恬坐一起。（晓烨不情愿地离开座位，坐到了后面）

晓恬（欣欣走近晓恬，晓恬坐在椅子的另一端，不理欣欣，对着老师愁眉苦脸地说）：嗯，老师……（言下之意是不想和赵欣欣坐）

李老师（看着晓恬，语重心长地说）：晓恬，你是组长，要好好照顾新同学。好了，我们开始上课。请同学们翻开书本看第一课《草原》，自己先把课文读一读。（李老师转身过去板书）

（欣欣碰到一个不认识的字，要问晓恬）

欣欣：喂，这个字怎么读？

晓恬（有气无力、爱理不理）：我不叫喂，哪个字？

（欣欣向晓恬指着“勒”字）

晓恬：奇怪，怎么这么臭。（说完，四处嗅嗅，嗅到欣欣身上）你身上怎么这么臭啊，臭死了。（顿时离得更远，捂住嘴）

（李老师转身看到）

李老师：晓恬，什么事？

晓恬（起立）：老师，赵欣欣身上很臭。（其他学生也说闻到臭味，但被李老师用眼神制止）

李老师：好了，你先坐下，有什么事我们下课再说。（下课铃响起，李老师走向欣欣）

旁白：下课了，李老师悄悄地把欣欣请到办公室去，请她多注意个人卫生。李老师和欣欣谈完话后，欣欣蹦蹦跳跳回到教室。

晓烨（和晓恬正在说笑，看见欣欣）：哇，你看你后面，好大一颗外地“咸鸭蛋”啊。

（学生齐笑）欣欣（冲上前去）：你骂谁呢？

晓烨：我又没说你，晓恬，你听见我说她了吗？

晓恬：没听见。

欣欣：你们欺负人（握紧拳头），（眼看一场纷争就要发生，这时欣欣想到爸爸妈妈让她在学校做个好学生的嘱咐）我要去告诉老师。（转身走了）

晓烨：你敢去吗？（欣欣回头瞪了他们一眼，往李老师办公室方向走）

（欣欣把事情告诉李老师，李老师带着欣欣来到教室）

李老师：晓恬，晓烨。（欣欣满脸得意地站在老师旁边，两人瞪了欣欣一眼）

李老师：晓恬、晓烨，欣欣是新同学，如果她有什么做得不好的地方，你们应该帮助她改正，而不是嘲笑她。老师相信今天的事情你们能够处理好，对吗？（两人点头）好了，去吧！（李老师下场）

（晓恬低着头，跟欣欣说对不起，欣欣来不及反应，晓恬转身走了）

晓烨（晓烨一脸不舒服，撞了欣欣一下）：刚来就会告状，以后我们走着瞧。

欣欣：可恶。这个学校的老师还不错，可是，这些本地学生可真讨厌，尽会欺负人，要不是爸爸妈妈让我别惹事，我肯定饶不了你们。说我臭，我怎么没感觉（浑身嗅嗅），我看是你们鼻子坏了，哼……

第二幕

旁白：日子一天天过去，赵欣欣和同学们越来越熟了，但是她并没有获得同学们的认可。欣欣不知道这是为什么。（下课铃响起，同学们离座去跳绳了）

（晓恬坐在座位上，欣欣欲与晓恬说话，晓恬不理她，转过去与晓烨说话，晓烨也不理她，晓恬和晓烨一起去找同学玩了，欣欣不由自主地也跟了

出来,看大家玩要)

(这天下课,同学们在操场上快乐地玩要。欣欣不知不觉走向晓恬和晓烨。晓恬和晓烨见欣欣走近,移向别处,见欣欣跟进,她们边玩边唱:小贵州,身上臭,脏兮兮,没人理,四处转,没得玩,请你请你滚回去)

(欣欣闷闷不乐地回到教室,趴在桌子上哭了)

(铃铃铃,上课预备铃响了,同学们停止玩要往教室走去,晓烨、晓恬一前一后回到教室,看到欣欣趴在桌上)

晓恬:看那只“黑猩猩”,好像在哭啊。

晓烨:不关我们的事。

晓恬:不想跟外地生坐在一起了。偏偏老师还安排我跟她坐。你没看见,她老是把鼻涕擦在桌角,恶心死了。

晓烨:何止啊,一有什么事情,她就去跟李老师告状。

晓恬:她还老是迟到、不戴红领巾,老师说她她都不改。

晓烨:她就是只“笨猩猩”。没人跟她玩,活该。

欣欣(拍桌而起,晓烨、晓恬吓了一跳):晓烨,你说谁呢?

晓烨(不爱理她):又没说你。

欣欣:还说没说,我明明听见了。

晓烨:我就说了,你想怎么样,有本事再去告诉老师啊!

欣欣(冲上前,火冒三丈,一手将晓烨从座位上拉出来,推倒在地上):我就这样,看你再说我!

晓恬(看这阵势):闹大了,我得去告诉老师。

(晓烨从地上爬起来,继续与欣欣大吵,这时李老师走了进来)

(晓恬和李老师匆匆上场)李老师:你们在做什么,欣欣,你先说说是怎么回事。(欣欣紧闭双唇不开口)

李老师:晓烨,你说。(晓烨也不说)

李老师:你们跟我到学校的育心园去。

旁白:通过耐心交谈,李老师了解了事情的经过,最后欣欣和晓烨也握手言和。从育心园出来,欣欣和晓烨的心情都平静多了,但是欣欣仍然觉得不公平。

欣欣（不甘心地说）：明明是她们先欺负我，老师还让我先想想自己有没有错。（疑惑）不过她们说我的这些毛病，我好像也有，可是在老家的时候也没人说我什么啊！到底我要怎么做，同学们才会喜欢我呢？（边说边下场）

李老师（看着欣欣远去的背影）：这个欣欣，来了一个多月了，想跟她交交心，她又一声不吭，想跟她家长联系，又没有电话，看来我得找个机会去家访了。

第三幕

旁白：这天放学后，欣欣回到家中。

（欣欣拿出钥匙，无精打采地打开家门，将书包扔在桌上）

欣欣（失望）：爸爸妈妈又不在家，我来玩弹珠吧。（在房间的地上，开开心心地玩起来）

李老师：西大街69号，就是这里。（李老师站到欣欣家门口，敲门）

（欣欣开门，看见老师，愣了一下）

欣欣（惊讶地叫）：李老师！

李老师（微笑）：欣欣，你爸爸妈妈在家吗？

欣欣（紧张）：不在。

李老师：那老师可以进去坐坐吗？

欣欣（不好意思地让开）：老师，请进。

李老师（关心地问）：吃饭了吗？

（欣欣摇摇头，拿出一把椅子）

欣欣：老师，请坐。（欣欣站着）

李老师（拉欣欣坐）：你也坐，老师想和你谈谈。（欣欣局促地坐下）

李老师：欣欣，老师感觉你好像不是很喜欢我们这所学校，能告诉老师是为什么吗？（欣欣沉默）是不是我们这所学校比你以前的学校差呀？（欣欣摇摇头）那是怎么回事？（欣欣还是不说）你说说看，说不定老师能帮助你。

欣欣(低声):我觉得同学们不喜欢我。

李老师:那你知道原因吗?

欣欣:他们说我身上有味道,说我是穷地方来的,说我很笨,看不起我。

李老师:那你觉得他们说的是事实吗?(欣欣点点头又摇摇头)

(欣欣妈妈一脸疲惫地推门进来)

欣欣:妈,你回来了。(欣欣妈妈看到老师)

欣欣妈妈:老师您来了,今天怎么有空来了?平时您工作那么忙,孩子转来快一个月了,本来该我这当家长的到学校询问孩子的情况,却让您亲自来家访,真是过意不去,是不是我们欣欣又做什么坏事了?(欣欣妈妈瞟了欣欣一眼)

李老师(微笑):啊,不是,您先坐。今天我来主要是想和您谈谈欣欣在学校里的表现,顺便也了解一下她在家里的表现。欣欣,你先去写作业,好吗?

(欣欣有点担心地到另一房间去,支起耳朵偷听)

李老师(看欣欣走后):这孩子啊,来了这么久了,好像还不太适应这边的生活,跟班级同学相处得不大好,常常跟其他同学有点小矛盾。而且作业完成的质量也不高。不知道在老家的时候她是不是这样子的?

欣欣妈妈:在老家的时候成绩还可以啊,她一个人也挺活泼的。

李老师(从包里拿出几张试卷,递给欣欣妈妈):这是欣欣这几单元的试卷,我让每个孩子都拿回去给家长过目并签名,您看看。

(欣欣妈妈接过试卷,嘴里念叨:62,51,47,仔细地看签名)欣欣妈妈(生气而肯定):这些名字不是我签的。(生气得起身)欣欣,出来。

(欣欣紧张地出来)欣欣妈妈(扬起试卷责问):你不是说还没考试吗?那这些是什么?上面的名字是谁签的?

欣欣(低下头,害怕状):是……是……我。

欣欣妈妈(欣欣妈妈朝欣欣身上狠狠地打,边打边骂):让你撒谎,让你不好好读书。(欣欣没躲,李老师在旁边拦住)

欣欣(哭诉):我哪里没有好好读书。我也想好好读啊,可是没有一个人帮我,想问同学,他们都离我远远的,而且他们还老是嘲笑我。问老师,老师说这题目很简单,让我再自己好好想想,问你们,你们什么时候在家,你们回来的时候我都睡了。你不是说,考不好不让我回家吗?(放声大哭)

李老师:好了好了,别哭了。(拉欣欣坐下)

欣欣妈妈:这孩子,存心气我啊。

李老师:先消消气,这孩子本性还不错,好好培养还是很有希望的。

欣欣妈妈:也怪我们,这孩子从小跟着我们到处跑,上学是有一天没一天的,来这边以后我又忙,唉……(欣欣妈妈叹气,擦泪)

旁白:那天李老师和欣欣的妈妈谈了很久,她知道了欣欣在家里是个勤劳、懂事的孩子,知道了她的学习基础是真的不好,而不是借口,也知道了同学们总是拿欣欣开玩笑。通过这次谈话,欣欣妈妈决定宁可少挣些钱也要多些时间关心孩子的学习和生活,而李老师也知道了自己和同学们该为欣欣做些什么。从老师的这次家访中,欣欣对生活多了一些期待。(三人谈完话,欣欣和妈妈送老师出门)

欣欣(看李老师走远,独白):也许老师说得对,只有先改变自己,才能改变同学们对我的看法。我一定要试试看。

第四幕

旁白:几天来,欣欣努力地改变自己。这一天,欣欣来到教室。

(同学们正在看书,欣欣穿着一身新衣服,坐到座位上,看到黑板还没擦)

欣欣:黑板还没擦。(上前擦黑板)

晓烨(拍拍晓恬):嘿,你发现没有,赵欣欣这几天跟以前很不一样。

晓恬(转头):是啊,红领巾戴上了,身上也不臭了,而且还很勤快。

晓烨(点头):这几天也没听她告状了,真奇怪。(两人疑惑不解)

(欣欣坐回位置,李老师拿出一杯水,水里有一条鱼,学生坐好)

李老师:同学们,大家看这条鱼,可爱吗?

学生:可爱。

李老师:你们喜欢它吗?

学生:喜欢。

李老师:如果老师把水倒掉或者不给鱼吃的,鱼还能活吗?

学生:不能。

李老师:大家都知道,鱼离不开水和食物。我们班的每个同学都像这条鱼一样,同学之间的友爱团结就像是水和食物。本来这条鱼非常可爱,但是如果没有了同学们之间的爱护,再美丽的鱼也无法生存。(将鱼放在欣欣桌上)这几天,我们班里有一条非常美丽的鱼,她希望靠自己的实际行动获得大家的喜欢,老师相信,如果你们愿意多给她一些水和食物,她一定能够成长为一条可爱的鱼。大家愿意给她这个机会吗?

学生(看欣欣):愿意。

(下课铃响了)李老师:好了,下课。老师期待看到你们的行动。(李老师退场)

(晓烨、晓恬小声商量了一下,围住欣欣)

欣欣(疑惑,语气有点冲):干吗?

晓恬(真诚地):我们想请你和我们一起玩。

欣欣:真的吗?(不由自主站起身来)

晓烨、晓恬(齐声):来吧。(三人走向操场,操场上传来她们快乐的声音)

旁白:对欣欣来说,这一天是个特别的日子,她第一次觉得在这所学校读书的日子不再是那么难熬,因为在她心里涌动着温暖的希望:我有朋友了,我不再是孤单的"丑小鸭"了。从那以后,校园里常常能看到欣欣的笑脸,能听到她的笑声。

【点评】

《我不再是丑小鸭》这个剧本来源于学生生活,关注了现在比较突出的外来农民工子女的教育问题。这个故事中的赵欣欣同学是农民工子女的一个代表,家庭教育等原因,在这些孩子身上或多或少表现出来一些不良的学习习惯、行为习惯、生活习惯。而以晓烨为代表的城里孩子表现出的排外、骄傲等问题也存在于一些城市孩子的身上。但无论是农民工子女还是城里的孩子,他们都需要一个关心爱护他们的老师,尤其是富有爱心、责任感的老师。故事中的李老师恰恰是这些老师的代表,她帮助欣欣改变身上的坏习惯,使她和班上的同学一样,教会她如何和同学们相处。同时教会其他的孩子不能戴着有色眼镜看人,教孩子们学会接纳身边进步的同学,接纳有问题的同学并帮助他们进步,这在很大程度上带给观众的是爱与美的教育。

孩子们淋漓尽致地表现出了人物的特点,饰演赵欣欣的孩子为了把赵欣欣初到学校的表现刻画得更加生动,在表演中不惜真摔实打,刻画出了一个活灵活现的赵欣欣,前后的对比简直判若两人。饰演李老师的那个孩子本来个子就高高的,但毕竟是孩子,说话还是带了点孩子气,为了把人物刻画好,在课下一遍遍揣摩自己老师说话的语气和动作,在台上几可乱真。凡是参演的孩子都有自己的优点和长处,大家的努力共同打造了这一台精彩的校园心理剧。

五、好朋友

【剧情简介】

乖乖是个小学四年级的孩子,总觉得现在科技发达,什么事情都不用自己动手做了,所以他有些懒惰。在一个周末,他的家电朋友们想办法来帮助他改掉懒惰的坏毛病,让他明白了:有了科技,也不能变懒惰。

【人物简介】

主人公乖乖是一个聪明的孩子,但是由于父母疏于教导,孩子缺乏自我管理能力,他养成了懒惰的坏习惯。家电若干。

【剧本】

第一幕

(音乐响起,吸尘器开始工作)

(闹钟响起)闹钟:乖乖,你该起床了,现在都9点多了。

家电(齐声):嗯?乖乖好像没听见。

闹钟:晚上不睡觉,早上不起床。

家电(除电视机外,齐声):都怪你,电视机,你为啥晚上老给他开着?

电话:这孩子,唉……

吸尘器:大伙都别说了,闹钟,你再大点儿声,喊他起床吧!

闹钟:乖乖,乖乖,快起床!

乖乖:你们喊什么?没看见我在睡觉吗?

家电(齐声):真糟糕!(乱声)怎么办呀?怎么办呀?

(电话铃响)电话:哎呀,他妈妈又来电话了!

妈妈:乖乖,你在干什么呢?

电话:怎么办?我该怎么跟他妈妈说?(家电们想不出办法)

电话:乖乖他……他……正在做功课。(对于电话说谎,家电们很吃惊)

妈妈:那好,记得告诉乖乖,认真写作业。

电话:好。

电脑:你怎么对他妈妈不说实话?这样对乖乖不好。

电话:我……我……我不敢说实话。我怕他妈妈对我发火。

电脑:不用怕他妈妈发火,就怕我们大家把他惯坏了。

家电(齐声):那怎么办,电脑。

(音乐响起)

家电(齐唱):乖乖,乖乖,好宝宝。不睡懒觉要学好,现在都快中午了,你看大家谁像你,太阳都照到屁股了。

第二幕

乖乖:嗯,困死我了。我还想再睡一会儿,你们真讨厌,我还想睡觉。

(乖乖出场)

乖乖:你们都在吵什么呀?你们都不听我的话。哼!嗯?电话!

电话:报到,报到!

乖乖:你说我叫什么?

电话:你叫……你叫“奇乖”!

乖乖:是“乖”还是“怪”?

电话:是“乖”不是“怪”。

乖乖:我乖不乖?

电话:你……你……

电脑:我看你不是“奇乖”,是“学坏”。

乖乖:哼,真大胆!

(乖乖追着电脑满屋子跑,其余家电哄闹,电话铃响)

乖乖:哼!(推开电脑,接起电话)

乖乖:喂,我是乖乖。我……我……我在家很听话。

妈妈:乖乖,你的作业写完了吗?

乖乖:我……我……我正在写。

妈妈:好,你一定要做个乖孩子。

乖乖:好。

(音乐响起)

人物(齐唱):乖,乖,乖乖乖。天天叫我要学乖,懂礼貌爱劳动,要听话不学坏,还要让我写作业。

乖乖:都什么时代了,还要写作业?

家电(齐声):要吃有吃,要喝有喝,一切都会来。

乖乖:哎呀,哎呀,爸爸妈妈实在想不开。有了你们(指向家电),有了你们,只要我一摁开关,一切都会来。

家电(齐声):哎呀呀,乖乖可真要学坏了。

乖乖:吸尘器。

吸尘器:到!

乖乖:给我把被子叠好。

吸尘器:我……我……我不会。

电脑:哈哈,他没有叠被子的功能。你异想天开,还是你自己去叠吧!

乖乖:哼!真气人!

(乖乖捂着肚子)

乖乖:嗯,我肚子饿了。电饭锅,你快把好吃的都端上来!

电饭锅:哎呀,这可怎么办?

电脑(拉住乖乖):告诉你吧,不是简单的一句话,电饭锅就能把好吃的全给你变出来,还是需要你自己动手!

乖乖:算了算了!都是些不听话的东西。

第三幕

电话:乖乖,乖乖。

乖乖:干吗?!

电话:你该写作业了。

乖乖:真烦人!写作业,嗯,电脑,你替我写作业吧。

电脑:写作业?(召集其他家电)这回,咱们得好好"帮帮"他!乖乖,我们写作业吧!

乖乖:好!你们听着!1+1等于几?

电脑:等于1吗?

乖乖:啊?

电话:等于2吗?

乖乖:咦?

电饭锅:等于3吗?

乖乖:嗯?

电视机：等于4吗？

乖乖：咦？

闹钟：等于5吗？

乖乖：嗯？

电脑：等于6吗？

乖乖（一屁股坐地上）：啊？

家电（轮流）：6，5，4，3，2，1，10，9，8，7。

乖乖：我都糊涂了。电脑，到底等于几呀？

电脑（指向其他家电）：到底等于几呀？

其余家电（齐声）：到底等于几呀？

乖乖（跑来跑去）：到底等于几呀？到底等于几呀？

家电（齐声）：哈哈哈哈！

（乖乖苦恼地抱头蹲下）

电脑：告诉你吧，我电脑什么算术都会算，但是你必须学会操作电脑！

乖乖：哦！我懂了！有了你们的自动化，也不能变懒惰。

家电（齐声）：对！

（音乐响起。）

人物（齐唱）：乖乖、乖乖要学好，懒惰的孩子要不得，好好学习新知识，长大才是一个好小伙儿，长大才是一个好小伙儿。

【点评】

家电的自动化，改变了我们的生活方式，提高了我们的生活品质，目前很多家庭为孩子营造了一个良好的生活环境，创造了有利于孩子发展的物质条件，但是没有考虑到孩子的心理感受与情感需求，对自己孩子的唯一要求就是努力学习，不需要孩子参与家庭事务的处理，似乎孩子成长的过程中仅有学习，但是这样做会使孩子依赖性强，独立能力差，主动学习的意识不强，逃避，甚至抗拒学习。

这部校园心理剧通过将家电拟人化，把心理剧更为灵活地运用到儿童教育中。从形式上来说,其是对传统心理剧的一个突破,更贴近孩子,能引起孩子们的兴趣,孩子们喜闻乐见,自然就会受到影响。在情境的呈现过程中,跨越物象的对话,彰显了校园心理剧的表现力,这是我们对校园心理剧实践的一次大胆尝试。

六、解“结”

【剧情简介】

在小组合作学习的课堂上,刘强生、梁家骥说话,组长李世通批评他们,他们不听,还与组长顶撞。下课后,组长向老师告状,刘强生、梁家骥被批评,因此同学们都不理组长。组长郁闷、难过。后来,老师了解情况后,利用班会课对同学们进行了一次团体辅导,组长与同学们认识到自己的错误并和好如初。

【人物简介】

组长李世通,朱珊珊,梁家骥,刘强生,王宁老师,徐俊杰,徐浩博,孙艺戈,白若昕。

【剧本】

旁白:2013年4月,我们工二村小学进行了课堂改革,实施了自主、合作的小组学习模式。新的学习模式,带给同学们的有欢乐也有烦恼,更有成长,曾经工二村小学发生过这样一件事。

组长:同学们,老师让我们讨论第十三课《只有一个地球》一文中运用了哪些说明方法?朱珊珊,你来记录,我们来讨论,记住了吗?

同学们:记住了。

组长:那就开始吧。

白若昕:我找到了一句,用了列数字的说明方法,“地球是一个半径约为六千四百千米的星球”。

徐浩博:我还找到了打比方的说明方法……(被打断)

组长:梁家骥,刘强生,你们两个给我站起来!

梁家骥,刘强生:凭什么让我们站起来!

组长:你们不服气?

梁家骥,刘强生:就是不服气。

组长:你们看看同学们都在干什么,你们在干什么!

梁家骥,刘强生:我们干什么不用你管,再说了,如果不是我们,你还当不成这个组长呢!

组长:行,气死我了!

白若昕:交作业!

(下课铃响)

朱珊珊:哎,下课了,下课了!

(组长气冲冲地走出教室,朱珊珊跟在后面)

朱珊珊:咦?他去干什么了呢?哦,原来呀,又去告密了!喂……喂!特大新闻,特大新闻!

同学们:什么特大新闻?(朱珊珊不语)

徐俊杰:别卖关子了,快说吧。

朱珊珊:那好,我就告诉你们,你们猜我刚才出门的时候撞见了谁?

刘强生:怪兽!

孙艺戈:班主任!

朱珊珊:都不是,我呀,撞见了组长,他怒气冲冲地进了办公室,肯定是去告你们两个的状了。

梁家骥,刘强生:告我们两个的状?怎么可能!

白若昕(跑着上):刘强生,梁家骥,你们两个中大奖了,王老师在办公室等你们!

刘强生,梁家骥:啊?

朱珊珊:你们两个赶紧去领奖吧!

刘强生:你个乌鸦嘴!

徐俊杰:你们两个死定了!

刘强生，梁家骥：你们？

朱珊珊：哎呀，他们两个不会被叫家长吧？

徐俊杰：不会吧。

白若昕：怎么不会，他们刚才可没有给组长面子呢！

朱珊珊：可是他们是好朋友啊！

孙艺戈：现在组长变了，什么朋友不朋友啊，我们要离他远一点了。

徐浩博，徐俊杰：哎，怎么会这样。

组长（跑着上）：嘿！你们都在干什么呢？

同学们：切。

组长：这是怎么了呢？

白若昕：看，他们来了。（下课铃响）

朱珊珊：哎，放学了！放学了！

白若昕：我们一起回家吧！

组长（跑到刘强生，梁家骥身旁）：嘿，哥们，我们一起回家吧！

梁家骥，刘强生：谁跟你一起回家啊，一边去。

白若昕：这样对待自己的朋友还想让别人和你一起回家，做梦吧你。

朱珊珊：就是。

组长（尴尬、无奈）：这是怎么了呢？

旁白：组长独自一人回到教室，他怎么也想不通，为什么会出现这样的局面，往日，那温馨友好的画面浮现在他的脑海中，他们曾经一起学习，一起在操场上挥汗如雨，他们谈天说地，开开心心。

组长：难道我做错了吗？难道，我真的做错了吗？

旁白：几天来，好友的冷落，让李世通失去了继续当组长的信心，于是，他找到班主任，说了自己的想法，要辞去组长一职，这件事引起了班主任的重视。六年级学生心理不够成熟，缺乏合作意识，而新的课堂学习模式，恰恰引发了同学间的矛盾，长此下去，不仅妨碍班级的管理，更不利于学生的健康成长。于是，班主任决定，以人际交往为主题，召开班会，引导学生勇敢、真诚、宽容地与他人和谐相处。

老师:同学们,有句名言是这样说的,一个人的成功,20%是来自他的努力,而剩下的80%都来源于他的人际交往。由此可见,一个人的人际交往与他的成功有着密切的联系,今天,我们就以这个为主题召开一次班会。首先,我们先做个游戏。

同学们:好啊。(窃窃私语)

老师:同学们先围成一个圈,然后手拉手,看清你左右手分别拉的是谁,看清以后,松手。现在在这个范围内自由走动,当我说停时,同学们就停下来。停!现在拉你原先左右手拉的人,同学们发现了什么?

同学们:手打结了。

老师:同学们感觉怎么样?

同学们:难受,不舒服!

老师:那请同学们试试能不能在不松手的情况下恢复原状。

同学们:怎么可能?(解结)耶!

老师:这个结就这样被解开了,哪位同学告诉我这个结是怎么被解开的呢?

白若昕:应该先低低头。

徐浩博:再弯弯腰。

刘强生:转个圈。

梁家骥:再跨一步,这个结就打开了。

老师:嗯,通过这个游戏,同学们有什么感悟呢?

朱珊珊:我觉得呀,在实际交往的过程中,遇到困难时,只要人人都学会退一步,困难就解决了。

老师:嗯,苏珊珊体会得很到位,相信通过这个游戏,刘强生同学的感悟应该更深吧。

刘强生:其实,这件事是我错了,因为我在上课时说话,组长制止了我,我却误会了他,我只想对他说声对不起,组长,我们和好如初吧!

组长:必须的。

梁家骥:对不起,组长,你在我心中永远是最棒的,加油!

组长：其实，组长看到同学有不对，除了制止还要抽出时间同他们交流，让他们认识到错误，而我却没有做到这一点，我以后要改进我的工作方法。

孙艺戈：我们要为组长加油！

同学们：(齐声)组长加油！

组长：谢谢大家！

老师：同学们说得都很好，其实人与人之间的交往并不难，只要人人都退一步，学会换位思考，理解他人，该退则退，该让则让，哪有过不去的坎，哪有解不开的结？

【点评】

剧本选题不错，呈现出在学校课堂改革中学生在小组合作学习中的人际问题。选题源于学生生活，更加真实和打动人。学生表演投入，纯朴自然，富有感染力。老师组织团体活动对学生进行心理疏导，有利于学生悟出道理，达到了更好的教育效果。各环节编排层层推进，过渡自然。剧本中细节处理非常到位，如课堂上的矛盾激化、老师的团体辅导。整个校园心理剧切口很小，却体现了心理剧的心理技术所在，展示了孩子在矛盾中的成长过程。剧中采用了团体辅导方法，让学生在游戏中明白道理，各位演员谈自己感受的环节，是该剧的亮点，丰富了校园心理剧的内涵，也起到了一定的升华作用。情境、音乐、旁白设计自然流畅，表演真情流露、感人肺腑。

七、相互宽容，和谐成长

【剧情简介】

当今社会，一些父母对独生子女的溺爱现象非常严重，使得这些孩子在与别人交往中缺乏宽容和忍让，所以他们常常因为一些小事情与别人发生不愉快。本剧讲述的是一些自私自利、以自我为中心的孩子在老师的精心引导下，改掉了缺点，学会了宽容的故事。

【人物简介】

尚清华:女,任性刁蛮。

马晓淘:男,淘气,爱搞恶作剧,不受欢迎。

张宁:女,心直口快。

韩明轩:男,说话直,口无遮拦。

李雪晗:女,斤斤计较。

郭向南:男,性格内向。

老师:女,年轻,有爱心。

学生陈欣然、刘晓宇等。

【剧本】

第一幕(地点:教室)

开场:(下课铃声响起,同学们有秩序地走出教室,来到操场上做游戏,张宁、尚清华二人在整理书本,马晓淘在看漫画书)

李雪晗:尚清华,快点,我们去操场上跳皮筋。你再不快点我就不等你啦!(十分着急)

尚清华:唉!这就过来。(一边收拾书本,一边急匆匆地往外走,一不小心把张宁的书本和文具弄到地上)

张宁:站住,真讨厌,你给我捡起来。

尚清华:切,说谁讨厌呢,我又不是故意的,你自己不会捡啊!我还要去玩呢。(说完,跑到操场玩了起来)

张宁:(狠狠地瞪了尚清华一眼,一边捡一边说)全班我最讨厌你了,再也不理你了。

第二幕(地点:操场)

马晓淘:瞧瞧,瞧瞧,为了那么点鸡毛蒜皮的小事吵架,多没劲,什么?你问我是谁?提起我,在全班可是相当有名了,我——人送外号"淘气大王",班里同学成天向老师反映,不是说我不写作业啦,就是说我不值日啦,你说他们烦不烦，尤其是我的同桌，成天吵着要换座位，成天不理我，我还不理她呢，踢球去喽！哎呀，踢着人了，赶快跑。

韩明轩：（在操场跳绳）哎哟，疼死我了，是谁踢的，没长眼睛啊！

马晓淘：说谁呢？你才没长眼睛呢！不就踢了你一下，有什么大不了的。

（两人争执起来，此时上课铃声响起）

第三幕 （地点：教室）

（上课铃声响起，同学们回到教室内，迅速坐好，学生韩明轩小声哭泣，马晓淘课桌上乱七八糟，摇着椅子，一副不屑一顾的神情，老师走进教室，环顾四周，走到韩明轩面前）

老师：怎么了？

（韩明轩摇头不语）

马晓淘：别装了，不就是被球踢了一下嘛，有那么严重吗？不行的话就去医院，我家有的是钱，花多少钱跟我说一声就行。

老师：请大家坐好，不要议论。

李雪晗：老师，我请求换座位，马晓淘太讨厌了，我不想和他坐同桌。（老师刚想说话，学生陈欣然举手，老师示意她发言）

陈欣然：我也建议给马晓淘换座，他上课总爱说话，影响我们小组的荣誉。

（小组同学纷纷附和：对……就是……让他走）

老师：大家静一静，马晓淘的座位已经换了好几次了，你们觉得他应该和谁坐呢？（大家你看我，我看你）

陈欣然：让他一个人坐。

李雪晗：就是，让他一个人坐。（全班哄笑，同学们又议论起来，声音越来越大）

老师（自言自语）：学生之间的矛盾真让人头痛啊！要想一个好的解决办法。有了！

老师:同学们,我们今天上一节特殊的课。我们先来玩一个“大风吹”的游戏好吗?

全体学生:好。

老师:大风吹。

全体学生:吹什么。

老师:吹男生。

全体男生(起立):我是男生。(说完坐下)

老师:大风吹。

全体学生:吹什么。

老师:吹女生。

全体女生(起立):我是女生。(说完坐下)

老师:大风吹。

全体学生:吹什么。

老师:吹快乐的人。

自信的同学(起立):我是快乐的人。(说完坐下)

老师:大风吹。

全体学生:吹什么。

老师:吹友爱的人。

快乐的学生(起立):我是友爱的人。(说完坐下。马晓淘和尚清华没好意思站起来)

老师:同学们玩得开心吗?

全体学生(面带微笑):开心。

老师:还想玩游戏吗?

全体学生:想。

老师:我们再来玩“万花筒”的游戏好不好?

(音乐起,学生可以随意舞动,音乐停,老师根据口诀:牵牛花一瓣围成圈,杜鹃花两瓣好做伴,山茶花三瓣结兄弟,马兰花四瓣手拉手,野梅花五瓣力气大,茉莉花六瓣好亲热,水仙花七瓣是一家。随意说出花名,学生根

据口诀中的花名几个人围在一起。凡是没能够与他人结成圈,或者人数错误的,都被淘汰出局,到最后剩下的为赢家)

旁白:同学们你抱着我,我拉着你,他们叫着喊着,一脸的兴奋,他们忘了以往的矛盾,他们尽情地释放着快乐。

老师:(回到讲台拿起一个红心气球)同学们,我们今天真正要进行的活动叫"送你一颗心"。我手里捧着的是我一颗真诚的心,我将把它送给一位同学,接到气球的人要说出自己的感受,再将气球送给别人,并说出送出的理由。原则上不准送给自己的朋友,只能送给平时被你忽略或者和你有过不愉快的那个人。好,我先送。我有时没有太多关注你,现在,我怀着一颗内疚的心,把这颗真心送给你。(走向郭向南)

郭向南:(听了老师的话,有些抽泣了)没想到老师会把红心气球送给我,谢谢老师。(走到尚清华面前)我们两人平时几乎没有说过什么话,我希望我们能成为朋友。

尚清华:(被感动得流下了眼泪,其他同学也深受感动)收到这颗心我很激动,你看,我们已经是朋友了,不是吗?(毫不犹豫地走到张宁面前,没有抬头)今天我把你的书本和文具弄到了地上,不但没有给你捡起来,而且还对你那么凶,我错了,你会原谅我吗?

张宁:(一把将尚清华搂在怀里)我也有错,我们互相原谅,做真正的朋友(两人泣不成声,在座同学无不落泪,向李雪晗走去)好长时间没有和你一起回家了,上次都是我不好,我好怀念我们一起上学、一起回家的快乐时光。

李雪晗:(接过气球)今天放学,我们一起回家。(走向马晓淘)马晓淘,你确实很淘气,不过我承认我也不够宽容,不够大度,如果你愿意,我们继续做同桌,让我们共同努力,争取成为阳光伙伴,好吗?(两人开心地击掌)

马晓淘:谢谢你,(眼里噙着泪花走向韩明轩)今天踢球踢到了你,还疼吗?

韩明轩:有你这句话,就不疼了。(两人握手跳了起来)韩明轩拿着气球去找陈欣然,陈欣然去找刘晓宇。

旁白:同学们诉说着,矛盾、不愉快就这样解决了,当面道歉、当面和好,感人的场景一幕接着一幕。

刘晓宇:(拿着气球走到老师面前)老师,我知道规则不允许,但我执意将这颗心送给您,大家都知道我身体不好,平时多亏了您的照顾,我才能这样开朗向上,所以,今天我鼓足了勇气,向您说一声"谢谢"!

老师:孩子,不要放在心上,这是老师应该做的。

老师:有一种勇敢叫作原谅,有一种美德叫作宽恕,世上有无数的人等待别人的原谅,也有无数的人在原谅着别人,让我们怀着感恩的心去原谅别人,相信你一定会从中得到快乐,让我们在和谐与快乐中一起成长。

(师生同唱同跳歌曲《原谅我》结束)

【点评】

阅读了校园心理剧《相互宽容和谐成长》的剧本并观看了演员们的表演,有三点感受比较深刻。

(1)本剧具有重要的心理健康教育意义。本剧从学生身边的事情取材,反映了现在一部分独生子女因被家长溺爱,存在着自私自利、以自我为中心的心理。他们在与同学相处的过程中,缺乏宽容心,即使一点点鸡毛蒜皮的小事也要惊动老师和家长,所以我们有时看到,班主任即使上完课走出教室,也有学生来"告状"。因此,本剧在选材上具有典型性。学生通过表演发生在他们身边熟悉的甚至是亲身经历的事,从中体验心理的细微变化,进而学习与人沟通交往的方法,达到了优化学生心理品质的目的。

(2)本剧编排上心理矛盾冲突表现清晰,解决问题的方式具体、实用,可操作性比较强。剧中两组同学发生的矛盾代表了学生中常见的人际关系问题,在解决这些问题时,本剧采用了循序渐进的方法,融入心理学的知识和技巧,以换位思考、情景对话、自我反省等方式使参演学生提高自我认知,并获得人际交往的方法。这些策略符合学生的年龄特点和心理特征。

(3)本剧心理辅导效果显著。心理剧把发生在学生身边的真人真事搬上舞台,采取学生"自己演,演自己"的形式,在充分展示学生表演才能的同时，把“大道理”用心理剧的形式表现出来。因此，无论是台上的演员，还是台下的观众，都经历了一次心灵的洗礼和启迪。尤其是讨论分享环节，达到了团体心理辅导的效果。

八、刁蛮公主和淘气大王

【剧情简介】

当今社会，一些独生子女集万般宠爱于一身，他们有时会自私任性、以自我为中心，缺乏宽容、谅解之心，本剧讲述的是“刁蛮公主”和“淘气大王”在老师的精心引导下，通过互换角色，体会到了他人的感受，改掉了自身的缺点，赢得了他人的宽容和接纳的故事。

【人物简介】

叶清华：女，任性刁蛮。

柏露：男，淘气，爱搞恶作剧，不受欢迎。

老师：女，年轻，有爱心。

韩明轩：男，柏露同桌。

张宁：女，课代表 。

李雪涵：刘路，同班同学。

尹业：班长。

【剧本】

第一幕

（同学们欢呼雀跃，随着音乐翩翩起舞，舞曲结束，众人让到两旁）

众人：“刁蛮公主”驾到！（主人翁叶清华上场）

叶清华（头戴王冠，身穿女王裙子，踩着舞步走到舞台中央，神情高傲，不可一世的感觉）：我叫叶清华，是他们心目中的刁蛮公主。只要是我想要的东西，同学们都会乖乖地送到我的手上。

张宁：她的语文书忘记带了。

叶清华:把你的书给我用用!

李雪涵:叶清华,该我们小组值日啦!

叶清华:烦着呢,不要叫我!

李雪涵:懒死了!

(课代表张宁迎面走来,手中抱着一沓作业本,叶清华只顾往前走,把本子撞落一地。叶清华昂首挺胸,扬长而去)

叶清华:走路也不长眼睛!

张宁(望着叶清华的背影,一脸不满):她……她……她可真讨厌!

(众男生走模特步上场,随后柏露跳着嘻哈舞步出场)

柏露:我是柏露,在班里可是相当有名!

众人:人称“淘气大王”!

柏露:我最喜欢的事情就是搞恶作剧了。只要有我在,班里就热闹多了。拿条仿真蛇吓吓女生!(拿着仿真蛇扔到女生位置上)这还不算啥呢!写个纸条贴到同学身后,神不知鬼不觉,那才好玩呢。(众人背后,柏露边走边贴纸条)

柏露:哈哈哈哈!

第二幕

(此时铃声响起,老师来到教室)

班长:上课!

众人(起立,齐声):老师好!

老师说:同学们好! 坐下!

(柏露趁机抽走了同桌的凳子。同桌韩明轩一屁股坐在地上。柏露故意装成无辜的样子)

韩明轩:老师,我要求换座位! 柏露,他太讨厌啦!(柏露转身装成一副不在乎的样子)

尹业:我也同意给柏露换位,他总是影响我们小组的荣誉。

李雪涵:老师,叶清华从不参加值日,我们小组也要求换掉她。

张宁:就是,今天她把同学们的作业本撞落一地,连声道歉也没有。

(叶清华转身装成一副不在乎的样子)

老师:哎,同学间的矛盾可真让人头疼,得想个办法才好。(老师来回踱步)对,就这样办。不如,我们来个角色互换,让他们认识到自己的错误。(自言自语)同学们,让我们一起加入角色互换中来吧。

众人:好!

第三幕

(刘露走模特步上场,拿走了叶清华的王冠,戴到了自己头上,叶清华垂头丧气弯下腰去)

张宁(拿拖把上场):给你!

(叶清华非常为难的样子,开始拿拖把拖地)

叶清华:没想到同学们平时值日这么辛苦!

刘露:叶清华,这是全班同学的作业,帮忙拿一下。

尹业:还有我的。

(叶清华吃力地抱着)

叶清华:你……你……

李雪涵:张宁,快点来!

(张宁快跑上场,不小心碰到了叶清华,叶清华手中的本子全都掉到了地上。)

张宁:噢,对不起! 对不起!

叶清华(满脸为难):这么多的作业,真是的!(叶清华弯腰捡起地上的作业本,心里很不是滋味,退场在一个角落)

(众男生走模特步上场,手拿纸条,每人走过去把纸条贴到柏露身上,瞬间柏露的背上、肚子上都贴满了纸条)

柏露:(黯然神伤,伤心地读着纸条的内容):我的外号是“柏油马露”!别碰我,我是新车上路,我的天哪! ……

第四幕

（感人的音乐响起。两人随音乐缓缓进场）

柏露：以前，我总是取笑别人，总是捉弄大家。从来没想到，这些事情会对别人造成伤害。当别人把纸条一张张贴到我的身上时，当听到同学们的嘲笑声时，我才明白，我错了，我再也不会那样做了。今后，我一定会尊重大家，再也不搞恶作剧了。

叶清华：当我把本子一本本捡起来的时候才知道，我的自私、任性给大家带来了多大的麻烦。过去，我总是想着自己，从来不考虑别人，受不了一点点的委屈。可是大家还是那么包容我，迁就我。以后我再也不会那样做了，我错了。

柏露，叶清华（齐说）：可是，同学们能原谅我们吗？

老师：只要你们真心地认识到自己的错误，相信同学们一定会原谅你们的。同学们，你们愿意原谅他们吗？

众人：我们愿意。

韩明轩：老师，我愿意和柏露一起坐。

李雪涵：老师，我们小组也愿意重新接纳叶清华。

叶清华，柏露（一齐向老师和众人鞠躬）：谢谢老师，谢谢同学们！

老师：同学们，今天你们让老师看到了一颗颗纯真的心。这些心善于反思，懂得谅解，知道包容，乐于接纳。老师这里有许多心形卡片，代表着你们那一颗颗纯真的心，现在我把这些卡片送给每一位同学。（老师送卡片给每一位同学）

老师：同学们，只要你们能够互相包容，互相谅解，你们一定还可以成为好朋友。

众人：哦，我们还是好朋友。

（音乐起，同学们再次翩翩起舞。拿卡片的同学迅速摆好造型，全体同学拿着卡片组合成心形，老师站在中间）

老师：有一种勇敢叫作改变，有一种美德叫作宽容，让我们在改变中完善自我,在宽容中接纳他人,相信你一定会从中得到快乐,让我们在和谐与快乐中一起成长。

【点评】

校园心理剧《刁蛮公主和淘气大王》从独生子女容易出现的自私、任性、以自我为中心的心理问题入手,通过夸张的艺术表现形式,融入了心理学的知识和技巧,运用角色互换的心理治疗方法,让参演者和观看者通过此剧产生了思想上的碰撞、情感上的起伏、心理上的共鸣、认知上的改变,取得了较好的心理辅导作用。

本剧贴近孩子的生活,表演的都是发生在他们身边的事,剧情轻松活泼,所有演员的表演都很到位,充分运用了肢体语言、表情语言,把各个不同人物的心理冲突展现得活灵活现。尤其是心理疏导方法的运用,在不知不觉中达到了一种心理整合、心理治疗的目的。

九、友谊无价

【剧情简介】

四个好朋友(鹏鹏、优优、真真、庆庆),因为鹏鹏考试没有考及格,其他三人觉得很丢人,所以远离了他。鹏鹏无奈之下,想出了用金钱收买三个朋友的办法,但是经过思想斗争,其中一人(真真)拒绝了他,没有收鹏鹏的钱,同时也劝阻了优优和庆庆,最后四个好朋友又和好如初。

【人物简介】

鹏鹏、优优、真真、庆庆、芳芳、鹏鹏妈妈。

【剧本】

(地点:教室走廊)

(课间活动,四个孩子跟随音乐快乐地玩耍,突然一位同学叫道:鹏鹏,老师叫你到办公室去一趟!其他三人也尾随着鹏鹏,在办公室窗户前驻足,听着里面的谈话。鹏鹏刚迈出办公室,见三人背影,举手要打招呼,三

人背影闪进教室里。鹏鹏快步走向教室,刚要踏进教室,忽然停住脚步,贴墙倾听)

真真:哎呀,他怎么又考不及格了,真丢脸。

优优:这么笨的人还配当我们的朋友?从今天起,我才不会和他做朋友了,你们呢?

庆庆:我都觉得丢人,我们趁早走,省得待会他又缠着我们。

优优,真真,庆庆:快!(三人收拾完书包离开教室,见鹏鹏,尴尬相视一笑)嘿嘿,不好意思,我们今天有点事,先走了。(转身跑走)

(地点:鹏鹏家)

鹏鹏(捧着考卷,愁眉苦脸,一只手托着脑袋):唉,我天生就笨,反正就是这块料了,没有朋友也是活该。(换只手托着脑袋)平常他们总帮我,少了他们,我多孤单啊,连自己的朋友都看不起我了,还有谁看得起我啊?我该怎么办啊?(趴下,哭泣)

鹏鹏妈妈(走进房间,手扶鹏鹏的肩膀):怎么啦?

鹏鹏(抬头,手擦泪):没……没什么?

鹏鹏妈妈:有什么事情说出来,心里会舒服,你一向是个快乐的孩子,今天这样伤心,肯定有事,说出来,妈妈来帮帮你。

鹏鹏(点点头,低声说):我今天考试不及格,妈妈,我是不是真的很笨,他们都不和我做朋友了,我真的很笨,妈妈。(扑进妈妈怀里,放声大哭)

鹏鹏妈妈:孩子,最近你身体一直不好,没考好,妈妈不怪你,我想老师也不会怪你,可你的朋友不和你做朋友,你要动动脑筋,如果妈妈遇到这样的事情,也会像你一样心里难受,但你已经长大了,妈妈相信你有办法解决好这件事,用心想想,该怎么办,你的朋友愿意和你重归于好。(吻了一下鹏鹏的脸颊)妈妈该去做事了,你先自己想想办法。加油!(母子二人互道再见)

鹏鹏:我该怎么办呢?我告诉老师去,让老师教育他们。谁叫他们和同学不团结。(转身取了书包,打开课本,刚要写作业)不行,让老师知道了,他们肯定知道是我告的状,肯定会生我的气,我更别想和他们做朋友了。

要不我和他们家长说，不行，家长也会骂他们。我打个电话给他们吧，让他们接受我这个朋友。(拿起电话，拨了几个键，停住)他们现在都不把我当朋友了，我打电话过去，他们还不照样不把我当回事。(从椅子上站起来，在房间里绕圈)我该怎么办？怎么办？

(抬头看见架子上的存钱罐，扑上前，双手搭着)妈妈说过礼多人不怪，哈哈，我怎么没想到呢，对呀，这事情好办，我才不信，有了这礼，他们会不把我当朋友，哈哈，就怎么办。(高兴地哼起歌)

(地点：操场上)

(优优，真真，庆庆正在做游戏)

鹏鹏(走上前，从裤袋里掏出一张十元钞票，递过去)：真真，我……我……比较笨，这钱送给你，以后如果你们需要什么，我用零花钱帮你们买，好吗？我们还做朋友吧，行吗？

真真(接过钱，看了看)：这……

鹏鹏(转身把另两张十元分别递给优优和庆庆)：这是给你的，这是给你的，我们还做朋友吧……(二人接过钱，互相看了看)

优优(低声对庆庆说)：喂，怎么样，都给我们钱了，不和他做朋友，太不讲义气了哦。是啊。(优优，庆庆把钱收进口袋里，和鹏鹏勾肩搭背)我们还是好朋友。放学一起去吃麻辣烫。

真真(真真一手抓着钱，犹豫)：这钱，我到底收不收啊？

真真(自言自语)：这钱不能收啊！如果收了，你这叫什么行为呀！朋友之间的情谊，是用金钱买来的吗？朋友有了困难，我们不应该远离和抛弃，而是应该帮助他呀！这才是真正的友谊！

真真：鹏鹏，这钱我不会收的，还给你！

优优，庆庆：傻瓜，他都给你了，收下吧。好朋友送的，有什么不能收的。

鹏鹏：是不是因为钱少啊！要不，我再给你们十块，好不好？

真真：鹏鹏，对不起，昨天是我错了。同学之间要团结友爱，我们几个因为你学习不好就不把你当朋友，这本来就不对。今天如果收你的钱，就

更不能叫朋友了。鹏鹏,这钱,我不能收。(把钱递回去)

优优,庆庆:收下吧,我们不都是朋友吗,还计较这些干吗呀。

真真:不,是朋友就不能收!朋友是什么?朋友就是你在有困难的时候,能够帮助你的人。鹏鹏,我们都是朋友,从今天开始,我们就一起学习,我来帮你,你一定能够考好的。这钱,你拿回去吧!(神情严肃,双手把钱交到鹏鹏的手中)相信你的成绩一定会提高的,加油!收下这钱,我们就是好朋友?你们呢?还当鹏鹏是朋友吗?

优优,庆庆(互相对视了一会儿):对,朋友就要互相帮助,鹏鹏,这钱我们也不要了,我们一定会帮你把成绩提上去的。(上前拍着鹏鹏的肩膀)

鹏鹏(双手捧着钱,望着三个伙伴):谢谢,你们真是我的好朋友。

(音乐《快乐的朋友》响起,边唱边跳)

鹏鹏妈妈(走上前,摸着儿子的头):看!孩子,你再次拥有了朋友,他们是你千金难买的好朋友啊,你可要努力,不能辜负他们啊。

鹏鹏,优优,庆庆,真真(四人手牵手,骄傲地说):对,我们都是好朋友,千金难买的朋友。

(全体谢幕,音乐再次响起)

【点评】

管城回族区东关小学表演的《友谊无价》,是一部具有现实教育意义的校园心理剧。演员表演自然、投入,舞台发挥较好,表演具有较强的感染力,演员着装与剧情相符合。《友谊无价》内容编排符合孩子的心理特征,揭示了校园生活中一些孩子的错误心理,展现了主人公的心路历程,突出了人物的心理活动,特别运用了心理学的一些方法,来表现主角的心理活动道具使用合理,充分利用了道具、课件、音乐等辅助工具进行表演。总言之,《友谊无价》是一个编排充分、表演出色、感染观众的优秀校园心理剧。

师生篇

一、我的未来不是梦

【剧情简介】

现如今，随着生活水平的提高，家长们总是想尽办法去满足孩子的要求，导致现在有的孩子性格也越来越自我，遇事总是先想到自己，不会为别人着想。剧中的主人公付广阔便是这样的一个孩子，他无视学校的纪律，和同学的关系也很紧张，大家都不喜欢这个学习成绩不好和不遵守纪律的孩子，但幸运的是他遇到了两位好老师，两位老师不仅没有放弃他，还对他谆谆教诲，使他自己悟出了只要愿意改变就没有做不到的事情的道理。改变之后的付广阔又得到了同学们的认可和信任。

【人物简介】

付广阔：一个聪明但很调皮的孩子，经过老师的谆谆教诲，和同学的帮助后变得爱学习、爱劳动、团结同学。

李丹老师：一个既有爱心又有耐心的好老师，她的一番发自内心的话打动并改变了付广阔这个顽劣的孩子。

牟宏宇老师：付广阔的英语老师。

崔利帆，魏钰甜，陈逸飞：付广阔的同学。

【剧本】

付广阔（边吃口香糖边听音乐上场）：哈喽！大家好！我是“打名鼎鼎”的付广阔，解释一下，不是“大名鼎鼎”，而是因为爱打架被同学们称为“打名鼎鼎”。明白了吧！当然，我也是大名鼎鼎的。新学期开学了，我可要好好表现，你要是问我怎么表现呀？告诉你吧，我是不管好学校坏学校，我不搅得大乱誓不罢休！反正我的未来也没有希望了，而且我家里也不像别的同学家里那样有钱，索性破罐破摔，混呗！

第一幕：数学课

（上课铃响，同学们进教室，付广阔回座位）

李丹老师（微笑，手里拿着数学书）：同学们，大家好！从今天起我们一起来学习数学，希望同学们能积极发言、努力学习，也希望大家能喜欢我。

付广阔（小声）：谁喜欢你呀？自作多情。

李丹老师（皱了皱眉头）：好了，现在我们开始上课。同学们好！

众人（干净利落）：老师好！

付广阔（慢悠悠）：老——师——好——啊！（有的同学开始发笑）

李丹老师（有点生气，但克制自己）：大家请坐，说话要干净利落才好。

付广阔（轻声）：嘿，这老师真好欺负，我要给她个大礼包，哈哈……

李丹老师：这堂课我们来学习分数乘法的意义，谁来说一下分数的意义呢？（大家举手，除了付广阔）

李丹老师：第三排的女生，你来回答一下。先告诉我你叫什么。

崔利帆（大大方方）：我叫崔利帆。分数的意义是把单位一平均分成若干份，取其中一份或几份的数。

李丹老师：好，请坐。（付广阔在崔利帆坐下之前撤走了椅子）

崔利帆（坐到了地上）：哎呀！好疼！

付广阔（哈哈大笑）：活该，你真笨！

李丹老师（十分气愤但压制自己）：谁干的？要诚实。（付广阔不说话却笑得更厉害了）

李丹老师（恍然大悟）：崔利帆后面的同学（指着付广阔），放学留一下。

付广阔（撇嘴，十分不屑，小声）：哼，留下就留下，有什么了不起的？

（下课铃响了）

李丹老师：同学们再见！

众人：老师再见！（付广阔没有张嘴，快步走出了教室）

第二幕：英语课

牟老师（微笑，清了清嗓子）：从现在起，我就是你们的英语老师了，也就是“English teacher”，希望大家在以后的学习生活中多和我配合，提高英语成绩。好了，今天我们先来复习几个英语单词，请大家把英语书拿出来。

付广阔（抿嘴笑了笑，轻声）：好啊，看咱俩以后谁治谁！

牟宏宇老师：请同学们和我一起念，girls！

众人：（整齐）girls！

牟宏宇老师：bus！

众人：bus！

牟宏宇老师：yes！

众人：yes！

牟宏宇老师：chairs！

众人：chairs！

牟宏宇老师：those！

众人：those！

牟宏宇老师：school！

众人：school！

牟宏宇老师：好了，就到这里，同学们自己练习2分钟，不会可以问，然后都要写音标。2分钟后我检查，开始！

付广阔：（嘟囔）检查什么检查，有那时间多玩会儿好了！算了，我就整整你！（在书上标汉字）

牟宏宇老师：好了，时间到，我现在开始检查同学们的朗读和书上的音标书写情况！

付广阔：（捂嘴笑了）哈哈，我写的老师肯定“满意”！

牟宏宇老师（检查到付广阔了，十分惊讶，气愤）：你，你怎么能这样？

这可是学习英语最不正确的方式！

陈逸飞：（一把抢过了付广阔的书，大声念）girls（“狗死”）！ bus（“爸死”）！ yes（“爷死”）！ ……哈哈哈哈！

（大家大笑，有的拍桌子）

陈逸飞：老师，这叫中西结合！！！

牟宏宇老师（气愤）：你太过分了，怎么能这样不认真？ 这可是学习英语最不正确的方式！

（下课铃响了）

牟宏宇老师：同学们再见，付广阔放学在教室等我！ 下课！

第三幕：大课间

（付广阔在教室里闹，黑板擦、粉笔、书、笔、文具盒，都在地上，整个教室乱七八糟）

魏钰甜：（走进教室看着闹得意犹未尽的付广阔）你这是在干什么啊？怎么可以这样？ 这可是我们大家的教室，马上就要上课了，看老师怎么收拾你！

付广阔（趾高气扬）：我爱怎么样就怎么样，你管不着，再说了，谁让你管的？ 多管闲事的家伙，找打是不是？ 别以为我不敢打你，有什么了不起啊？ 不就是优秀生吗？ 又不能把我吃掉，来呀来呀，气死你！（做鬼脸）

魏钰甜：（脸红）你太过分了，我告诉老师去！（一边说，一边哭了）

付广阔：（幸灾乐祸）你哭什么哭？ 幼稚不幼稚啊？ 还找老师呢，没出息的小不点！ 哈哈……

魏钰甜：（更伤心了）你太欺负人了，不讲道理的家伙！

付广阔：（仰天长笑）哈哈，真是谢谢夸奖了，哈哈……（扬长而去）

第四幕：放学后

（李丹老师和付广阔在教室里）

李丹老师（语重心长）：付广阔，我想你只是一时好玩，才捉弄崔利帆，对吧？ 这我能理解，毕竟你们都是孩子，调皮可以理解，我小时候比你还调皮呢。不过,没有关系,随着年龄的增长,你就会越来越好的,我今天不想批评你,希望你能理解老师的一片苦心,好了,你回家吧,我看你以后的表现！对了,我都听牟老师说了,别人标音标,你却标汉字,这说明你十分聪明,想到了别人想不到的办法,这一点是好的,但是,你不应该用在学英语上。你聪明,可以用在和同学交流、解题上。老师相信,你同样可以用聪明的头脑学好英语,老师看你以后的表现,可不要让我失望啊！你回家吧,再见!

付广阔(自言自语):老师见我这样,为什么不批评我呢？我可是坏学生呀,她都没有批评我,而是鼓励我,安慰我,为什么这样呢？难道,我不是一个坏学生？我还能变回从前健康向上、爱学习的样子吗？可以吗？如果可以的话,我会慢慢转变,我会是一个好学生,我要重新让老师和同学们喜欢我、信任我。我会慢慢转变的……

第五幕：几天后下午最后一节课

(李丹、牟宏宇两位老师在一起上课)

李丹老师(喜悦):今天,我们两位老师在一起,是为了表扬一位同学,他就是付广阔同学。他在老师的鼓励与同学们的帮助下,克服了自己的缺点,这也是大家有目共睹的了。他从前并不是"好学生",现在可真变了好多呢,同学们也都看到了,对不对?

众人:(齐声)对!(付广阔脸红了,没有出声)

牟宏宇老师:后天就是大扫除了,希望同学们可以共同努力,完成好学校安排给我们的任务,好,放学!

众人:老师再见!(付广阔破天荒地张了嘴)

第六幕：两天后的大扫除

(到处都能见到付广阔卖力的身影)

陈逸飞(一边扫地一边说):哎,魏钰甜,你说,这个付广阔是真的变了吗？我不太相信。

魏钰甜:(停下了手里的活)当然是真的啦,他最近变化实在是不小,我要不是他的同学，还真不敢相信呢！挺佩服他的。要是我，可能真做不到……

李丹老师（对牟老师笑着说）：我们成功了，他真的变了很多呢！

牟宏宇老师：是啊，我们班又多了一个好学生……

第七幕：班会

李丹老师：谁能上来给大家表演节目呀？自愿，都可以上来表演。

（付广阔举起了手，大家惊讶，小声议论）

付广阔：我有话跟老师和同学们说。（大家鼓掌）

付广阔：以前，我是一个坏学生，没有人肯相信我，也没有人愿意和我交朋友，所以，我就逐渐放弃了自己，感觉我的未来就像一个遥不可及的梦。可是，这些天来，我感受到，老师们并没有嫌弃我，同学们对我也很热情，总之，我要给两位老师，还有曾经被我欺负的同学们鞠躬道歉。

（大家热烈鼓掌）

两位老师：付广阔，老师们都相信你，你会是一个最棒的学生。不管是现在，还是将来，你的未来都不是梦！

众人：对，我们的未来都不是梦！

（《我的未来不是梦》音乐响起，所有演员上场齐唱，谢幕）

【点评】

心理健康的人也有各种消极的心理体验，此时，人总有表达的欲望，所以说“一吐为快”。小学生的情感易外露，自制力较差，情绪很不稳定，容易激动。小学生遇到高兴的事就喜形于色，连蹦带跳；碰到困难和挫折就垂头丧气，甚至哭泣。为了能让学生保持良好的心境，最好的方法是让他们把自己的心事倾诉出来。老师、家长、同学都可以是倾诉的对象。我们的未来不是梦！人生只要敢于追求，只要不甘平庸，就会云开月明，看见希望的阳光。让我们释放青春的能量，失败挫折算得了什么，重要的是我们的人生会因此而变得更加精彩。千里之行，始于足下。

二、重拾自信

【剧情简介】

本剧讲述的是一位大家公认的好学生,在学校遇到挫折,信心发生动摇,由于害怕成绩退步,失去老师和同学的喜爱,于是考试作弊。幸好老师及时发现,在老师和同学们的帮助下,主人公的错误观念终于发生了转变。

【人物简介】

班长:扈天骅。

副班长:刘雨涵。

学习委员:宋兆煦。

纪律委员:许峥。

老师:王老师,英语老师。

班长好朋友:程润林。

【剧本】

第一幕

旁白:希望道路平坦,却难免遭遇岔路和崎岖;希望人生圆满,却难免遭遇挫折和失败。人这一生总要做错一些事才会成长,我,扈天骅,一直是老师和同学们心目中的好学生,在班里担任班长,学习在年级中也名列前茅,我一直对自己充满了信心,在大家面前也总是很“风光”。可是,有一天,当我在教室写作业的时候……

扈天骅(正在写作业的时候,发现一道题写错了,于是把这一页撕掉了):程润林,帮我把这纸扔了吧。

程润林:嗨!班长大人,这还不好办!看我的!(程润林打开窗户,潇洒地将纸扔到了窗户外面。却不巧正好掉在从楼下经过的王老师的身上。王老师将纸团捡起,看到扈天骅的名字,生气地向楼上走去)

扈天骅:呀!学校可是明确规定,绝对不能往窗户外面扔东西的!万一出事了怎么办啊,要是被学校查到了你可就惨了。

程润林:哪有那么巧的事啊,你不说,我不说,谁会知道啊。

扈天骅:下不为例啊! 以后别再扔了!

(过了一会儿,老师推门而入)

王老师:扈天骅是你往楼下扔的纸吗?

(程润林,站在一旁,目瞪口呆地看着老师,不知所措)

扈天骅:啊,我……我……(这时,程润林悄悄地溜出教室,朝扈天骅做鬼脸,求他不要说出的样子)

王老师(指着扈天骅胳膊上的班干标志):你身为班干部,居然带头违反学校规定。

扈天骅:这……这个不是……我这是第一次。

王老师:是吗? 就这么巧啊,正好让我碰到了,这你怎么解释!

扈天骅:我……我……(低下头,不知道怎么办)

王老师:你就这么起带头作用的吗,你给别的同学都带来了什么样的影响,你好好反思一下吧,然后写个检讨,明天交给我,我再想想该给你怎么样的处分。(王老师生气地走出教室)

扈天骅(心理活动,独白):哎,真倒霉啊,程润林也真是的,居然心安理得地把责任都推给我,自己却溜掉了,这让我多没面子,还不知道要受什么处罚呢,肯定会在王老师心里留下不好的印象,今后评优可就难办了,郁闷,怎么就这么倒霉呢。

第二幕

旁白:刚才王老师严厉的批评给扈天骅带来了很大的影响,以致在接下来的英语课上,他一直处于跑神、发呆的状态。

英语老师:扈天骅,这个问题你来回答一下。(扈天骅支支吾吾回答不上来)

英语老师:整节课都看你魂不守舍的,怎么回事呀? 下课来我办公室一趟吧! 下课铃声响起。(下课后,学习委员、副班长、纪律委员谈论班长的

情况）

副班长：好可怜！

学习委员：这已经是第几次了？

副班长：第三次了。（三人陷入沉默）

纪律委员：他只是一时失常。

副班长：我也是这样觉得。

学习委员：我刚才看到他在那发呆，是不是因为昨天的事情啊，他的英语学得一向都还不错的。

副班长：是呀，而且，他看到别人都回答出来了，他心里发慌。

学习委员：他快失去信心了！

副班长：我们应该对他有一点同情心，他一定觉得受到很大挫折。

（扈天骅站在课桌前，不知所措）

（三个人来到班长面前）

纪律委员：（拍着班长的肩膀）老兄，你今天怎么总魂不守舍的。

扈天骅：没什么，老师提问的时候我没听清问题嘛，这有什么的。（看似很不在乎的样子的）

学习委员：怎么会这样呢？

副班长，纪律委员：闭嘴！（学习委员吓了一跳）

扈天骅：你们答得都比我好。（垂头丧气）

学习委员，副班长，纪律委员：只不过是一次课堂提问，不必在乎。

扈天骅：不过那个单词我确实不认识，你是怎么知道的？（抬头问副班长）

副班长：课外习题中都遇到过的啊。

学习委员：你现在好用功啊，我总看到你课间的时候在做练习题……

扈天骅：做练习题，怪不得！

副班长：对呀，我每上完一个单元，就……

扈天骅：我宁愿把课本背得滚瓜烂熟的，也不想写课外作业！

纪律委员：我也不想。

扈天骅:总算找到一个和我统一战线上的人了。你今天上课回答问题答对了吗?

纪律委员:侥幸得很……

扈天骅:怎么? 连你也……

学习委员:他是“贝多芬”。

扈天骅:他是什么?“贝多芬”?

纪律委员:我看他们都在看参考书,说有一部分语法讲得很好,被我偷看到了,我就把参考书看了一遍,没想到老师今天一上课就在提问,所以我就……你不会连“贝多芬”都不知道吧?“贝多芬”就是背得越多得分越高嘛!(稍停,班长站在原地不说一句话,其余三人面对面)

学习委员:老兄,不要心情不好了,赶快准备功课,期末考试快到了,加油吧,我们先走了。

(说完,三人下场,扈天骅站到舞台中央)

扈天骅(独白):我一直学习很好的,凭我的智商还用写很多的课外题吗? 以前可以,以后一定也可以,(很自负的表情,可是,又低下头,边走边自言自语)可是现在我连老师提出的问题都回答不了,难道是我学习方法的问题吗?(沮丧,迷惑的表情)

第三幕

纪律委员:(伸懒腰)终于最难的一科考完了。(发觉学习委员若有所思地走来走去)最难的数学都考完了,你还在那边走来走去想什么?(学习委员没有听到)

纪律委员:(凑到学习委员的耳边)喂!

学习委员:干什么,神秘兮兮的……

纪律委员:(故意大喊)喂,发现“间谍”! 发现“间谍”!

学习委员:在哪? 在哪?

纪律委员:没事,没事,我试着喊一喊,提高大家的警觉性。

学习委员:结果呢?

纪律委员:结果发现其中有一个人的警觉性最高,应该颁奖给他。

学习委员:胡闹!(继续思考,自言自语)奇怪,真是奇怪。

纪律委员:你一直在说什么,难道你真发现“间谍”了吗?

学习委员:傻瓜,反正跟你说,也是白说。来了来了,我正在等的人来了。(副班长上场)

纪律委员:什么?

副班长:(自言自语)奇怪……

学习委员:你今天也发现班长怪怪的?

副班长:我说不上来,可是……

纪律委员:难不成,平日和蔼可亲的班长是“间谍”?

学习委员:傻瓜!我们是在说作弊,考试作弊,你懂了吗?

纪律委员:谁?你是说班长?(学习委员点头)

学习委员:副班长,我今天好几次发现班长在收卷子的时候,回头偷看你的答案,你也感觉到了对不对?

副班长:但是我不能这样确定,他是班长……

学习委员:我就坐在他旁边,我看得一清二楚,你不要对我说你没有看见。

纪律委员:有这种事?

学习委员:就是有这种事,不信你问副班长,他最清楚。

副班长:有几次他回头看到我在看他,还对我笑了一笑,真是好奇怪……

纪律委员:这么说是真的,可是这不像班长平日的作风,也许,班长他什么也没有看到,就被你发现了吧。

学习委员:可是他偷看别人的试卷就是不对。

副班长:可是他会不会有他的苦衷?像上次老师在课堂上提问,我从来没有看过班长这样沮丧过,我想他一定心里很难过,连我们也不愿意说。

纪律委员:我想他肯定是不能接受别人比他强,他的自尊心受到了打击,我们是他的朋友,应该去开导他。

学习委员:他吗？他很要强,他会因为那么点儿小事就受打击吗？

副班长:每个人的忍耐程度都是有限的嘛,就是因为他平时都表现得很坚强,所以这次不堪一击,表面越坚强的人,内心越脆弱,难道你没听说过吗,我们还是去安慰安慰他吧。

(三个人走下场,班长扈天骅走上场,纪律委员叫住了他)

纪律委员:班长……我们都发现你最近的情绪不太对劲,到底怎么了？上次考试的时候,我们无意中发现,你是不是……作弊了？(有些犹豫地说)

扈天骅:你们看见我作弊了吗？(很没面子,但故作理直气壮)你们要告诉别人吗？

副班长:我们不是想告诉别人,只是关心你,你是不是还是因为上次的那几件小事就失去了信心了啊,我们都……

扈天骅:这是我的事,不用你们管!

(说完转过身,甩手离开,三个人很无奈地相望,走下场去)

(扈天骅走上场,坐在长椅上,思索状)

扈天骅(独白):小事！那些事情对我来说是小事吗？他们太不理解我了,那对我有多大影响啊!(气愤地坐在椅子上做思考状)不过,我刚才那么做是有些过分了,他们也是关心我,为了我好,我还不领情,还那么凶地说了他们。(想了一会)其实都是我自己的错,自从上次那件事之后,我上课又走神,老师提的问题也回答不出来,这让我多丢脸啊,我可是堂堂的班长啊,(站起,边走边说)他们学习比我努力,我怕他们会超过我,所以……唉!说实话,其实都是我的虚荣心在作怪。(稍停)我不该这么小肚鸡肠,身为班长要起带头作用,而且是我的错就要勇于承认和面对,不能做缩头乌龟。嗯,我是个勇敢的人,我要相信自己,重新找回自信!(做出信心十足的动作和表情)

(班长来到教室)

扈天骅:对不起,刚才是我不对,谢谢你们的关心,我以后不会再犯同样的错误了,我们依旧是好朋友。

副班长,学习委员,纪律委员:对！我们依旧是好朋友!

（三个人高兴地看着他，与他搭肩相拥在一起）

（播放《相信自己》歌曲，众人跳舞）

【点评】

本剧以“重拾自信”为题，围绕着“自信”展开一系列的故事。故事有开头、发展、高潮和结尾。故事的各个环节紧密相连，开始扈天骅因为老师的批评而心情低落，接着扈天骅上课跑神，被老师批评，加上其他班干都很顺利地过关，扈天骅的心里更不是滋味，他觉得这个班长当得不是名副其实，觉得班长就应该是最好的，结果他上课什么都没听，数学考试竟然作弊。其他班干的安慰让他更为恼火，最后扈天骅自我反省与大家和好。本剧叙述了一个完整的故事，情节有起伏、有波澜、环环相扣。

本剧班长的形象塑造得很好，让我们看到了一个经历过挫折后还能勇敢地走出来面对自己的不完美的学生形象。孩子们表现能力强，表演流畅、真实，条理清晰，人物性格刻画细致，具有很强的感染力。各个不同人物的心理冲突被展示得活灵活现，看得出经过了精心编排和刻苦练习。

本剧达到了剧本创作初衷，运用了同伴互助的心理技术，主题深刻，有启发性，小演员的表演吸引眼球，台下观众反应热烈，是一出成功的校园心理剧，而且推广和普及性强，具有一定的适用价值和普及意义。

三、我不是坏小孩

【剧情简介】

主人公小龙是个学习成绩非常差、经常惹是生非的六年级学生。他是大家公认的校园“小霸王”。因为小龙的“不学无术”，老师、父母伤透了脑筋，同学们更是冷落与疏远他，其实他也很想得到大家的关注，但总是控制不住自己冲动暴躁的情绪，使自己和大家的关系越来越疏远。通过班主任王老师的帮助，小龙克服了很多困难，大家重新接纳他，自此“小霸王”在校园里消失了。

【人物简介】

小龙:主人公,一个惹是生非,但又渴望得到他人的关注孩子。

小龙爸爸:主人公的父亲,个体商贩,望子成龙,但教育孩子的方法简单粗暴。

王老师:新上任的班主任,业务能力强,对孩子有爱心。

小美、萍萍、明明、壮壮等:小龙的同学。

阿姨:梦中的路人。

【剧本】

第一幕:听闻

旁白:天已经很晚了,小龙还没有回家,小龙的爸爸焦急地四处寻找小龙。

小龙爸爸(满脸愁容,连连叹气):唉!唉!人家养儿脸贴金,我家养儿操碎心。我姓郝叫运气,可我天天都受气!你说为啥会受气?还不是为我家那“小祖宗”。我在银基做服装批发,起早贪黑虽说能挣点钱,可也担心受累。这不,我得了个儿子,取名叫成龙,郝成龙,我望子成龙。谁知他,他成“龙”是成“龙”了,成了学校的“霸王龙”,惹得邻里街坊都绕着他走。你看天都这么黑了,他还没有回家,这浑小子不是又给我闯祸了吧?不行我得赶紧去找找!(急匆匆走去)

(这时,小龙的同学小美、萍萍走过来,小美还不时地抽噎着,萍萍不时地安慰着小美)

萍萍(安慰道):小美,快别哭了。

明明,壮壮(边走边玩,忽然发现了前面的小美他们):咦,前面不是小美吗?他怎么哭了?我们去看看。

小龙爸爸(小龙的爸爸发现有学生走过来,打算上前问问情况):咦,前面的学生看着像是小龙的同学,我过去问问他们见没见小龙。

明明,壮壮(关心):小美,你怎么了?

萍萍(生气地解释):还不是因为“霸王龙”把一条玩具蛇放在小美的书包里,把她吓哭了。

壮壮(很生气):这“霸王龙”也太坏了,知道你胆子小,还故意把玩具蛇塞到你的书包里。

明明(安慰):别怕、别怕,那蛇是玩具蛇,是假的,我们送你回去。

小美(抽噎着):没……没事,谢谢你们。

萍萍(气愤):这“霸王龙”也太气人了,把人吓哭了,他还哈哈大笑说好玩,我说告诉老师,他说他才不怕呢,还让我随便告,你们说气人不气人。

壮壮:要不同学们叫他“霸王龙”呢! 你看他什么事都敢做,不听老师的话,学习成绩差,作业整天不交不说,还经常欺负人。

明明:就是,他还把口香糖粘在我同桌的头发上,结果口香糖弄不下来,我同桌最后把头发都给剪了。

萍萍:他经常向同学要钱。昨天,他看见小田准备买文具盒的20元,他就非要“借”,小田也不敢告诉老师,中午回家也不敢说实话,就说钱丢了,还被他妈妈骂了一顿呢。

壮壮:要我说呀,这“霸王龙”就是咱们班上的一大(大家异口同声地说)——“祸害”。

小美(怯怯地四周看看):走,赶快走吧,这会儿他不一定在哪藏着呢,我们赶快走吧,别再碰见他了。

小龙爸爸(同学们走远了,可暗处小龙的爸爸气得火冒三丈,浑身哆嗦):这浑小子,回去我非打死他不可。

旁白:这天晚上,小龙家里的打骂声、哭泣声,传得很远很远。

第二幕:邀约

(第二天早上,六年级二班的教室里,同学们正在说说笑笑各干各事。这时,小龙脸上青肿,一瘸一拐地走进教室)

小龙(忧伤地唱道):没有花香,没有树高,我是一棵无人关心的小草,父母见我把棍棒举,老师见我把头摇……唉!(播放音乐《小草》,小龙抹抹

眼泪）

旁白：这时，班主任王老师从办公室走过来。王老师是一位业务能力非常强，也非常有爱心的老师，学校因此派王老师参加了心理健康辅导的培训。

王老师（面带微笑）：我姓王，叫明惠，是位小学教师，参加工作20多年了。虽说天天和纯真的孩子们在一起，但也有不少闹心的事。就说刚接的这个六年级二班吧，有个叫郝成龙的孩子，还真叫人头疼。不过，自从参加了心理健康辅导的培训后，我有一种“拨开云雾见青天”的感觉。今天，我还得跟小龙和他爸爸谈谈。刚才我约小龙的爸爸，现在，我还得去跟小龙说一声。

（王老师走进教室，看到小龙趴在座位上抹眼泪）

王老师（和蔼）：小龙，你怎么了？

小龙（气愤）：没什么。

王老师：真的没有什么要跟老师说的？

小龙：没，没有。

王老师：那我可有话要说，下午第二节课放学后，我在心灵密语教室等你，另外，你父母我已经通知过了，你不用担心。

小龙：哦，知道了。

王老师：那下午在心灵密语教室见。（说完王老师离开教室）

小龙：我这么倒霉，我这么累，为什么我的生活这么遭罪……唉，唉，不知道王老师要念多长时间的经了，我可有的受了。

第三幕：谈心

旁白：下午小龙的爸爸准时来到学校心灵密语教室。

小龙爸爸（敲门）：咚咚！咚咚！

王老师（开门）：哦，小龙爸爸啊，请进！请进！

小龙爸爸：王老师，你好，你好。

王老师（温和地）：请坐！

小龙爸爸(神情尴尬):王老师,真不好意思,你看我家小孩老是惹祸,给你添麻烦了,他再犯什么错,你该打该罚,我绝无二话,他实在是不争气!

王老师:小龙爸爸,冰冻三尺非一日之寒,孩子有问题也不是一下就能改好的,我们先得找到孩子问题的根源,才能帮助孩子,你说对吗?

小龙爸爸:是,是!

王老师:今天请你过来,就是想让你了解孩子的内心,我们才好对症下药。

小龙爸爸:王老师,你说得太对了,要我怎么配合,我一定照做。

王老师:不是有句俗话"要知心腹事,但听背后言"吗,等一会,我和小龙谈话时,你就坐在里面听,无论外面发生什么事情,只要我不叫你,你都不要出来。你看行吗?

小龙爸爸(激动得站起来):王老师,只要我家小孩能改好,让我干什么都行。

小龙(磨磨蹭蹭地来到心灵密语教室门口欲敲门,又放下,最后又下定决心敲门):报告!

王老师:小龙来了,你先里面请。

小龙爸爸:好,好!

(王老师示意小龙爸爸到里间屋子落座)

王老师(面带微笑):小龙啊,快进来!坐!

(小龙看到王老师和以往的老师不一样,不是劈头盖脸地批评他、讲大道理,有些迷惑,心怀忐忑地坐下来)

王老师:小龙,知道老师为什么把你请到这来吗?(小龙摇摇头)

王老师:老师把你请到这里来是想和你交个朋友。

小龙(惊异地抬头看了王老师一眼,又把头低下去了,小声地嘀咕):哼,跟我交朋友,谁信啊!

王老师:怎么不相信啊!为了能和你交朋友,老师可是下了功夫的。不信我说说,我知道你很喜欢画画,还得过奖。你妈妈很疼你,但你爸爸经常打你。(小龙边听边点头)

王老师：你看，老师都这么了解你了，你是不是也跟老师说说心里话，看看老师能不能帮上忙？

（小龙沉默无语）

王老师：不想说啊，这样吧，老师知道你擅长画画，你能画一棵树来表达你的感受吗？

（小龙点点头，开始画画，画完后交给老师）

王老师：让我看看你画了什么？哦，空旷的群山中一棵孤零零的树。从画上老师可以看出，你感到非常的孤独，情感很脆弱，可山和树让这幅画有了色彩，还有这朵小花也挺可爱，从这些看出，你热爱生活，也迫切想得到家人和朋友们的关心。你看老师分析得对吗？

小龙（点点头）：嗯。

王老师：那你愿意和老师谈谈你和家人、同学的关系吗？

小龙：（抬起头，欲言又止）我……

王老师：这个问题是不是不好说，没关系。小龙，你看老师这有一个玻璃杯、一个不锈钢杯都可以盛水喝。如果拿来比喻你和家人、同学的关系，你会选择哪种杯子呢？

小龙（思考了良久）：玻璃杯。

王老师：能说说你为什么这么选择吗？

小龙：因为玻璃杯很容易碎，就像我和同学的关系。

王老师：想听听老师的看法吗？

小龙：想。

王老师（语重心长）：我认为你选择玻璃杯，是因为你认为这个玻璃杯就像你的心，那么杯中的"水"就是你的父母、老师、同学、朋友。你用玻璃杯盛水，是你需要他们的关爱，想和他们搞好关系，但你又怕自己受到伤害。所以在你和他们有矛盾时，你就责怪是他们不好，是他们摔坏了杯子，把责任都推给了别人，从不认为是自己伤害了别人。你看我理解得对吗？

小龙（一下子痛哭起来）：老师，我不是坏小孩，我不想当"霸王龙"。小时候，我爸爸妈妈忙生意，把我放在午托处根本不管我，比我大的同学（简称“大同学”）经常欺负我。有一次，一个大同学欺负我，我急了就顺手捡了一个小石子砸他，不小心把他的脑袋砸流血了。他家长找到学校，说我欺负他家孩子。学校调查这件事，可没人敢出来给我作证，最后我爸爸向他们赔礼道歉并支付了医疗费，爸爸回家后把我打了一顿，后来同学们就都叫我“霸王龙”。为什么明明是我受到欺负，到最后却是我的错，我恨他们，我恨他们。（王老师怜爱地轻轻拍拍小龙的头，并没有阻止他痛哭。一会小龙的哭声小了）

（小龙爸爸懊恼地顿足捶胸）

王老师：那后来呢？

小龙（抽噎着说）：后来，同学们没人敢欺负我了，一开始我还挺高兴。可是，我慢慢发现老师看我的眼神变了，同学们也不理我了。我想改，可没有人相信我，有时班里有谁做错事了，还推到我身上。所以，我要“报复”他们，他们不是说我坏吗？我就坏给他们看。

（小龙爸爸在屏风后面，用手点点小龙的方向，不停地摇头）

王老师：那每次“报复”完后，你快乐吗？

小龙：不快乐。

王老师：你就不后悔吗？

小龙（小声地）：后悔，还有点害怕，害怕回去挨打。就像昨天我把小美吓哭了，当时就后悔了，我只是想让她和我玩。我想向她道歉又怕同学们会笑话我，就装着一副很得意的样子走了。

王老师：我还听说你要了别人的20元，那又是为什么呢？这也是别人逼你的吗？

小龙（一下子张口结舌）：这……

王老师：知道这件事的后果吗？

小龙（又趴在沙发上哭了起来）：爸爸知道了又会打我，老师，你看我的脸，还有背上、腿上都是伤。

王老师（抚摸着小龙的头，轻声地说）：小龙啊，这做错事挨打是小，你爸爸也是不希望你学坏。因为威胁同学要钱就是违法，数目大了，这就构成犯罪了，好好想想吧！

小龙（哭泣着，喃喃道）：老师，我不是坏小孩！我不要当罪犯。

旁白：小龙可能由于昨天晚上没有睡好，也可能是这一刻王老师让他放下了思想包袱，哭着哭着睡着了。王老师细心地拿了个小被子给他盖上。

（王老师轻手轻脚地示意小龙的爸爸跟他一起出去）

第四幕：惊梦

旁白：睡梦中的小龙长大了，来到20年后。

小龙（审视着自己手脚）：啊，我长大了，我长大了，太好了，我自由了。（忽然捂着肚子）唉，好饿呀，怎么办？对，我得去找份工作。

旁白：小龙到处去找工作，不是人家嫌他文化太低，没有技术，就是他嫌人家工作累，给的钱少不干，结果一天过去也没挣到钱。天黑了，他只好躺在街边的石凳上胡思乱想。

小龙（捂着饿得叽里咕噜的肚子）：哎哟，快饿死我了，原来饿的滋味这么不好受。怎么办呢？咦，那边来个阿姨，要不我问她借点。

小龙（凑上前）：阿姨，你有钱吗？能借给我点吗？

阿姨（吓得直哆嗦）：你，你要干什么？

小龙（努力使自己面带微笑）：阿姨，我好几天没吃饭了，你有钱吗？能借我点饭钱吗？

阿姨（大吃一惊）：我没钱。（赶紧捂住自己的包）

小龙（逐渐失去耐心）：没有，你捂着包干吗？（伸手抢夺阿姨的包）我就借点饭钱。（阿姨挣扎不给）

小龙（猛地夺下包）：拿来吧！

阿姨（拼命地挣扎，凄厉地呼喊）：救命啊，有人抢劫了，救命啊，有人抢劫了，抓住他，抢劫了。

旁白：小龙吓得四处逃窜。最后，逃到一个无人的公园，连饿带吓地睡着了。睡梦中忽然两个警察出现在他面前。

（背景音："郝成龙，你因抢劫罪，被捕了！"）

小龙（吓得大叫一声，从睡梦中惊醒）：啊！我不是抢劫犯！我不是抢劫犯！

王老师（听见小龙的喊声连忙走进室内，拍拍小龙）：小龙，醒醒！醒醒！

小龙（惊恐地哭喊）：老师，我不是抢劫犯。

小龙爸爸（紧随王老师）：小龙，小龙。

小龙（吓得赶快躲到王老师的身后，双手捂着头）：爸爸，爸爸，我没有抢劫。别打我，你别打我。

小龙爸爸（拉过小龙）：小龙，别怕，别怕，刚才你是在做梦。孩子，爸爸知道错了，以前是爸爸的不对，爸爸今后再也不打你了。

小龙（哭着喊，扑进爸爸的怀里）：爸爸……

（音乐起）

王老师（和蔼地）：小龙爸爸，今后可要改一改教育孩子的方式方法呀，千万不要再随意打骂孩子了。

小龙爸爸：好，好，今后我一定注意控制脾气，多和孩子沟通。谢谢老师了。

王老师（转身又对小龙）：小龙，今后你也要和同学和睦相处，相信通过努力大家会接受你的。

小龙：我知道了。

小龙爸爸（搂着小龙）：王老师，今天真是太感谢你了，我们先回去了，你忙吧。小龙，跟老师说再见。

小龙：王老师，再见。

第五幕：蜕变

旁白：第三天早上，小龙端着一缸漂亮的金鱼早早地来到学校，并帮同学打扫卫生。不一会儿，同学们来了，看见金鱼纷纷议论。

（小龙一边哼着歌，一边干活）

王老师：咦，好漂亮的金鱼啊！谁做的好事？（同学们交头接耳在猜测）

王老师（扫视了一圈教室，看到小龙不自在地低下头）：哦，我知道是谁了。不过，我们先上课。小龙，你去办公室帮我把笔记本拿来。

小龙（从座位上站起来，向外走去，走到教室外又停下了，心想）：哼！谁都不叫，偏叫我，把我支出去，肯定是有什么事不想让我知道。不行，我得听听他们说什么。（小龙悄悄地躲到教室门口）

王老师：同学们，鱼缸里面的鱼漂亮吗？（学生们说漂亮）我们也像鱼一样，鱼离不开水、空气和食物。同学之间的团结友爱、互相包容就像是水、空气和食物。没有同学们之间的爱护和包容，再美丽的“鱼”也无法生存。我们班里就有一条“小鱼”，他希望靠自己的实际行动获得大家的喜爱，老师相信如果你们愿意多给他一些水和食物，他一定能够成为一条美丽的鱼。大家愿意给他这个机会吗？

（大家互相看了看，异口同声地回答：“愿意”）

小龙（听了老师和同学们的话，他不仅泪流满面，猛地冲进教室，向老师和同学们鞠躬）：谢谢王老师，谢谢同学们，今后我会变好的，请大家相信我！

（同学们热烈地鼓掌）

旁白（音乐《我不是坏小孩》响起）：小龙开始变了，虽然有时还会和同学们有些小摩擦，但在同学们的提示下，他会努力地克制自己，同学们再也不叫他“霸王龙”了，小龙的爸爸妈妈也在王老师的帮助下，改变了对儿子的态度，家庭也和谐了，王老师欣慰地笑了，因为她相信她的孩子们都会化茧成蝶。

（所有演员上台谢幕）

【点评】

管城回族区东关小学编排的校园心理剧《我不是坏小孩》，以发生在校园“霸王龙”——小龙身上的事情为故事的主线，介绍了一个问题少年在父亲简单粗暴的教育方式下，在周围人群的冷漠和歧视下逐渐产生心理障碍问题,最后在学校心理咨询老师的帮助下情感回归的经历。

该剧选取学生中比较常见的问题,贴近学生的生活,在剧情设计上跌宕起伏,不落俗套。剧本围绕主人公的命运起伏,所有角色的心理困惑、认知改变,随剧情依次展开,使人物的行为改变显得自然、真实、可信,再加上所有演员的表演都很到位,充分运用了肢体语言、表情语言,把各个不同人物的心理冲突展示得活灵活现。特别是当剧中的主人公对人们发出"我不是坏小孩"内心真挚的呼声时,所有人的心灵为之震颤,进而使情绪的宣泄、心理的整合显得合情合理,在不知不觉中达到了心理治疗的目的。

四、携手同行,一起飞翔

【剧情简介】

故事的主人公玥玥是一名四年级的小学生,2009年8月从洛阳的一所小学转学到新的学校。由于家长的盲目攀比、孩子的认知偏差,玥玥产生了嫉妒心理。老师、同学和家长一起牵起玥玥的小手,帮助她及时摆脱了不良心理。

【人物简介】

玥玥:小学四年级学生,是一个聪明、上进但脆弱、敏感的女孩。

萌萌:善良懂事,友善大方,学习成绩优秀。

玥玥妈妈:望女成凤,但犯了很多家长的通病——盲目攀比,伤害了玥玥的自尊,导致玥玥产生了嫉妒心理。

萌萌妈妈:与玥玥妈妈是老同学。

班主任老师:指导萌萌,组织学生,共同帮助玥玥摆脱嫉妒心理。

同学若干:在老师和萌萌的带领下,伸出友爱的双手,帮助玥玥重拾快乐。

【剧本】

第一幕

旁白:这是玥玥转学到新学校的第一天。玥玥的妈妈有个老同学,她的女儿叫萌萌,和玥玥一样大。这次玥玥又恰好分在了萌萌所在的班级。今天,玥玥妈妈约上了她的老同学,一起领着孩子们去学校。

萌萌妈妈:(和萌萌从一侧走来,边走边嘱咐)萌萌,你和张阿姨家孩子一个班级,你们一定要好好相处啊。(看见一个长椅)我们就坐在这里等她们吧!

萌萌:(频频点头,听说有新朋友挺兴奋的,和妈妈坐下)那她叫什么名字啊?

萌萌妈妈:她叫玥玥。

萌萌:她一定很聪明吧……

玥玥妈妈:(和玥玥从另一侧走来,边走边聊)听说你王阿姨家女儿学习可好了……(一抬头,看见老同学,惊喜,与老同学拥抱)嗨,老同学,真有缘啊!

萌萌妈妈:可不是嘛,孩子们又成了同班同学。(拉过一旁微笑的萌萌)来,萌萌,和张阿姨问好。

萌萌:(落落大方,带着亲切的微笑,礼貌地问候)张阿姨好!(转向玥玥,调皮地眨了一下眼睛,用流利的英语问候)我叫萌萌,欢迎你的到来,让我们做朋友吧!(然后友好地伸出手来)

(玥玥拘谨地,有些怯怯地,握住萌萌的手,张开嘴刚要讲话。)

玥玥妈妈:(打断女儿,欣喜地抚摸萌萌的头)瞧萌萌,这英语说得多棒,不愧是外国语学校的尖子生。

(因为妈妈的打断而伤了自尊,玥玥生气地躲在一边)

玥玥妈妈:(转向玥玥,声音略严肃)玥玥,你过来呀! 你以后可得多向萌萌学习,你能和萌萌一样优秀,妈妈就知足了。

玥玥:(咬了咬嘴唇,轻轻地问候)王阿姨好! 萌萌好!

萌萌妈妈:玥玥也不错啊……

萌萌:我们一起去上学吧!(四人一起向学校走去)

第二幕

旁白:玥玥和萌萌很快成了好朋友。可是不久课堂上发生的一件事情让玥玥很难堪……

老师:现在我们要把同学们分成两个学习小组,在以后的学习中,看哪个小组的成绩更优异。同学A你到1组,同学B你去2组……

(最后剩下玥玥和萌萌手牵着手,彼此有些不舍。这时候两个小组同学不等老师分配,开始大声要人)

学生A:我们要萌萌,她爱发言!

学生B:我们也要萌萌,她成绩好!(学生C和学生D也热情地向萌萌招手和呼唤)

老师:大家不要吵。玥玥去1组,萌萌去2组。

(玥玥低下了头,脸上红一阵白一阵,松开了拉着萌萌的手。萌萌不知所措地看了看玥玥,看了看同学,无可奈何,一步一回头)

(1组同学不高兴地撅起嘴)

2组同学:(欢呼着)2组必胜!

(玥玥的头垂得更低了……)

第三幕

旁白:是啊,竞争是前进的动力。玥玥的心中萌生着一个坚定的信念——一定要超过萌萌。这不,玥玥期中考试考了满分。

(玥玥拿着期中考试满分的试卷,脸上洋溢着喜悦,蹦蹦跳跳上场)

玥玥:(拿着试卷)妈妈总说我不如萌萌,这回我考了100分,哼,看她还怎么说!

玥玥:(敲门)妈妈,妈妈,快开门!

玥玥妈妈:(正在看电视,站起来开门)急什么呀?女孩子家别风风火火的!

玥玥:(试卷藏在身后,调皮地甩着小辫,神秘地问)你猜我考了多少分?

玥玥妈妈:(回到沙发上坐着,继续看电视,还自言自语)哎,这个剧情怎么发展得这么慢。

玥玥:(不满地,大声地)妈妈!

玥玥妈妈:干什么呀,这么大声!

玥玥:(沉不住气,拿出卷子晃了晃,情不自禁地)你猜我考了多少分?

玥玥妈妈:80多分吧?

玥玥:(生气地把卷子塞到妈妈眼皮底下)你仔细看看,100分,100分!

玥玥妈妈:(心里也很高兴,可是随口问道)题目很简单吧?

玥玥:(不高兴的表情)简单?那萌萌才考96分。(看妈妈的反应)

玥玥妈妈:(若有所思地)那不应该啊,一定是这几天生病影响的。你能考100,她就更能了。

玥玥:(生气地,失望地)妈妈你可真是的……(转身写作业去了)

玥玥妈妈:(在玥玥后面指点着说)你看看你,考一次100分就骄傲成这样,人家萌萌次次考满分也没像你这样啊……

(这时电话响起,是萌萌妈妈打来的)

玥玥妈妈:喂,谁呀?

萌萌妈妈:是我。

玥玥妈妈:老同学呀?

萌萌妈妈:这次萌萌成绩下降了,我刚刚批评她,正哭着呢。

玥玥妈妈:偶尔一次,你就批评啊?(小声地)要是和我家玥玥一样,你还不得愁死呀。你就够省心的了,知足吧。我这还得去监督玥玥写作业呢。对了,别再骂萌萌了,我会心疼的……

玥玥:(听见了妈妈的话,很生气,走上台来,委屈地、气愤地)我考满分就是偶然,她考满分就是必然,凭什么这么说?你以前那么爱我,可是现在因为萌萌,总是看我不顺眼。我说话大声,你会说“看人家萌萌,说话总是轻声细语的”,我走得快了,你会说“看人家萌萌,走路总是文文静静的”,我看一会电视,你又会说“看人家萌萌,有时间就看课外书”。萌萌,萌萌,烦死了,烦死了!哼,我讨厌她!

第四幕

旁白:就这样,妈妈和同学无意中就伤害了玥玥脆弱的心灵。今年的六一儿童节,学校组织同学们去郊游,在草地上,嫉妒这条小虫终于气急败坏地从玥玥心中爬了出来。

(玥玥和同学们围坐在草地上,边吃边聊。萌萌拎着一大袋小零食跑来)

同学A:(发现萌萌的裙子和玥玥的是一样的,惊讶地指着说)你们的裙子怎么一模一样啊?

萌萌:(不加考虑的)是玥玥妈妈给我买的,她可喜欢我了。(一边擦汗,一边拿出小零食给玥玥)给你,玥玥。(然后走开)

玥玥:(把小零食抛开)我才不稀罕吃呢!

同学A:(不解地)你怎么能这样对待你的好朋友呢?

(大家七嘴八舌的)

同学B:萌萌热情助人。

同学C:萌萌学习可好了。

玥玥:哼!学习好?你们还不知道吧,她每次考试都作弊。

同学们:是吗?可能吗?

玥玥:(神秘地招招手,同学们都围过来,小声地说起了悄悄话)对了,我还告诉你们一个关于她的秘密……

同学们:(失望地)她是这样一个人啊……

(萌萌听见食物落地的声音,就已经停下了,惊讶地回头。又听见了玥玥在说自己坏话,不解地、委屈地边摇头,边后退,最后捂着脸哭着跑开了)

第五幕

旁白:有人说“嫉妒是魔鬼”。是啊,玥玥这个本性善良的孩子被嫉妒冲昏了头脑,她把萌萌视为敌人,一次次伤害了萌萌,终于两个好朋友形同陌路。可是她们快乐吗?

玥玥:(一侧上台,伤心地)上次我说萌萌考试作弊,老师调查后批评了我。我故意把萌萌的作业本扔在地上,同学们也都指责我。现在,同学们都不喜欢和我玩了,老师和妈妈也不信任我了。我很孤独,我更加不快乐了! 难道我做错了吗?

萌萌:(另一侧上台,沉重地)我喜欢和玥玥做朋友,她有那么多的优点值得我学习。可是,她最近怎么了? 为什么这么和我过不去呢? 我不恨她,我不愿意失去她这个朋友! 妈妈让我想办法和她重归于好,我想什么办法呢?(边思索边走向台) 对了,我去找老师。

(萌萌和老师从一侧幕后走向台前,边走边聊)

老师:(二人面向台前)你现在试着换位体会一下玥玥的心情。

萌萌:(想了想)老师,我理解玥玥的感受,是我们大家在无意中伤害了她。要是我,也许我也会和玥玥一样。

老师:嫉妒是一种排他心理,一般在自己不如别人优越时才会产生,是一种对竞争者心怀怨恨的心理。这种心理会产生种种不愉快的情绪,比如焦虑、悲哀、恐惧、苦恼、羞耻等。轻者破坏人际关系,重者会产生伤害他人的行为。所以,及时发现、及时摆脱非常重要。

萌萌:(担心地、震惊地)老师,那玥玥现在呢?

老师:(拍了拍萌萌的肩膀,安慰)别担心,她还是个好孩子,嫉妒心理刚刚萌芽。只要我们一起来帮助她,她会走出嫉妒的阴影的。

萌萌:(和老师继续走向另一侧)那,我们动员同学们一起帮助玥玥吧。

老师:你也可以找玥玥妈妈谈谈。

萌萌:好的。

(萌萌和玥玥妈妈从另一侧幕后走向幕前,边走边聊)

萌萌:(二人面向台前)刚才和您说的这些都是老师指导我们的方法,我想一定可以帮助玥玥的。

玥玥妈妈:谢谢你,萌萌。是我的疏忽伤害了玥玥,我现在知道怎么做了。

萌萌:谢什么啊,妈妈说你们当初就是这样的好朋友啊。

玥玥妈妈:(和萌萌继续走向另一侧)玥玥有你这样的朋友,她可真幸运……

第六幕

老师:同学们,这次作文评选活动,大家都写出了精彩的文章。全班同学的作文,你们都读过了,现在你们评一评,选出一篇你们觉得最好的。

萌萌:(真诚地,边举手边站了起来)玥玥写得好。立意新颖,语句优美,很有生活气息。

同学A:我也同意。

同学B:玥玥非常喜欢读书,这一点值得我们每个人学习。

同学C:玥玥的每一篇作文都很精彩。老师,我还读过她写的诗呢。

同学D:我还能背出几句呢……

(同学们都啧啧称赞)

老师:(鼓励的眼神看着玥玥,微笑着)玥玥加油,大家都祝愿你能成为一名小作家!

(掌声热烈地响起)

玥玥:(有些害羞得笑了,带着一丝喜悦)谢谢大家!

萌萌:老师,玥玥没来前,我是语文课代表,现在我认为,应该让玥玥做我们班的语文课代表。

玥玥:(惊奇地看着萌萌,站起来指着自己,不相信地问)我?你?

萌萌:(向前一步,肯定地点点头)没错,你是我们学习的好榜样。是吧,同学们?

(众人七嘴八舌地说:“是啊!是啊!”)

老师:(微笑地点头)嗯,好,那就由你们俩一起来担任我们班的语文课代表。

(萌萌微笑地看着玥玥。玥玥有点不好意思地看着萌萌)

(同学们热烈地鼓掌)

第七幕

旁白:嫉妒心理害人害己,它不仅伤害了玥玥的心灵,也伤害了玥玥的身体。这不,玥玥生病住进了医院。

玥玥:(躺在病床上,头上敷着湿毛巾,说起了胡话)我不比萌萌差,我不比萌萌差!

妈妈:(心疼地,歉意地)玥玥醒醒!玥玥醒醒!

玥玥:(无力地睁开眼睛)妈,我要看书。

妈妈:(心疼地)不行,你得休息!妈妈知道你是个坚强又刻苦的孩子,不过现在你必须休息。(用嘴贴了贴玥玥的头)

玥玥:(看了看妈妈憔悴的脸庞,感动而又倔强地、明知故问地)和萌萌比,你喜欢谁呢?

妈妈:(爱怜地捏着玥玥的鼻子)你这傻孩子!

(这时候,萌萌来看玥玥)

萌萌:玥玥。

玥玥妈妈:(起立)萌萌来啦。(拉着萌萌)快坐,这两天玥玥可想你啦。

(玥玥起来)

萌萌:(从身后拿出一本作文选)玥玥你真行,你的作文发表了!

玥玥:(莫名其妙地、疑惑地看着)什么作文啊?

萌萌:(由衷地赞美)就是那次你的作文,我帮你投的稿。写得那么好,为什么不投稿呢?一投就中了,你可真了不起!我真为你骄傲。

萌萌:玥玥,我们来补课吧!

玥玥:(感动地)谢谢你!

萌萌:(握住玥玥的手)玥玥,能做你的朋友我真骄傲!

玥玥:(感动地)谢谢你!我……我……

萌萌:(也猜出了玥玥的话语,再一次调皮地眨眨眼睛)有什么事你就说呗。

玥玥:(真诚地牵着萌萌的手)萌萌,我错了!我错了!请你原谅我!

可怕的嫉妒心理使我一次次伤害了你，可你是那么宽容，我对不起你。你能原谅我吗？

萌萌：能。

玥玥：萌萌，我们还能做朋友吗？

萌萌：（搂住玥玥的肩，亲密地）当然能啦！

妈妈：哎，我这做妈妈的，望女成凤，盲目攀比，伤害了孩子的自尊，导致玥玥产生了嫉妒心理。现在，看见她们又像一对快乐的小鸟，我真高兴。

（玥玥拉着萌萌的手，走向妈妈）

妈妈：孩子们，尺有所短，寸有所长，取人之长，补己之短，你们才能不断进步！

（玥玥信任地看着妈妈，不断地点头，她也认识到了自己的错误，明白了道理）

（所有演员走上台来）

玥玥和萌萌：（手牵手）勇于竞争，携手同行，我们一起飞翔……

大家一起：（手牵手）飞向明天，明天更美好！

（全剧终，全体演员谢幕）

【点评】

阅读了心理剧《携手同行，一起飞翔》的剧本并观看了演员们的表演，有以下三点感受。

（1）本剧具有明确的心理健康教育目的。本剧从学生身边的事情取材，反映了学生在生活、学习中可能存在的嫉妒心理，选材上具有典型性。学生通过表演发生在他们身边熟悉的甚至是亲身经历的事，从中体验心理的细微变化，进而达到宣泄、释放过重的心理负担和优化学生心理品质的目的。

（2）本剧在编排上心理问题冲突表现清晰，解决问题的方式具体、实用，可操作性比较强。剧中剖析了主人公玥玥因家长的盲目攀比，自己的认知偏差，产生了嫉妒心理。解决问题时融入心理学的知识原理和技巧，以角色扮演、情景对话、示弱法、优点放大法等方式使参演学生提高自我认知，并获得人际交往的方法。这些策略符合学生的年龄特点和心理特征。

(3)本剧心理辅导效果显著。剧中把发生在学生身边的真人真事搬上舞台，采取学生“自己演，演自己”的形式，在充分展示学生表演才能的同时，把“大道理”用“心理剧”的形式表现出来。因此，无论是台上的演员，还是台下的观众，都经历了一次心灵的洗礼和启迪。尤其是讨论分享环节，达到了团体心理辅导的效果。

五、插班生

【剧情简介】

高美丽，一个从外地转来的新同学，她对新生活充满了希望。可是，同学们对她很冷淡，嘲笑甚至欺负她，让她很伤心。班会课上，在她的同意下老师念了她的日记，其他同学认识到自己的错误，了解了美丽的心声，向她伸出了友谊之手。

【人物简介】

高美丽：一个从外地转来的新同学，她对新生活充满了希望。

老师：四年级某班的班主任，温柔、善良。

学生若干。

【剧本】

第一幕：初到新校　遭受嘲笑

旁白：今天是开学的第一天，高美丽非常兴奋。她背着书包早早来到新学校，很快被校园深深地吸引了。

美丽：(自言自语)哇！学校真美啊！有这么多花草树木，还有那么多同学在唱歌、打球、做游戏。我真幸运！到这儿可以认识许多新同学，可以和他们一起学习，一起玩乐。(心里别提多开心了，她高兴地唱起歌来)

(上课铃声响。学生进教室坐好)

美丽:(看见老师,鞠躬)老师,您好!

老师:(微笑着)美丽好,我们一起进教室。

(美丽跟着老师走进了教室,表情高兴)

老师:同学们,这是我们班新来的同学,我们欢迎她做自我介绍。

美丽:(点了点头)大家好,我叫高美丽……

(听到这里,学生开始嘲笑她)

学生A:(小声)这么丑,还叫美丽! 嘻嘻。(学生们笑了)

学生B:就是,就是。

(老师用手势示意学生,大家停止了嬉笑)

美丽:(脸红)我来自洛阳,我喜欢在这里和大家一起学习,一起游戏,希望大家能喜欢我,谢谢。(台下学生开始交头接耳,美丽把头深深地低了下来)

老师:这儿正好有一个空位,美丽,你先坐在这里。

学生C:(站起来)老师,我不想跟她坐。

老师:同学们,美丽来到这个班级,就是我们班级的一员,同学之间应该和睦相处,怎么能这样呢? 那,先这样,小凡你俩换位,美丽你就坐到前面来。

学生A:老师,洛阳以独特的自然风光吸引许多游客。尤其洛阳的牡丹,更是全国文明,不如让美丽介绍一下吧!

美丽:(头往后看了一眼,回过头来,吞吞吐吐)老师……我……

老师:课后我们再让新同学介绍,现在上课。

旁白:这节课,美丽满脑都是刚才发生的一切,老师说什么她一句也没听进去。

第二幕:遭受欺负 书写心声

(下课铃声响了,学生陆续走出教室)

学生A:终于下课了。

学生C:我们去玩吧!

学生D:走,打球去了。

美丽:(拉起同学的手)我们一起玩吧!(同学把美丽的手甩开,美丽四周看看,看到学生B在教室里,收拾东西)

美丽:(高兴地走过去拉拉她的手)你好,我们一起玩好吗?

学生B:(用力甩开她的手)哼!走开,我才不愿意跟你玩呢?

美丽:(伤心地走开,自言自语)哎!算了,我还是自己玩吧!

学生B:(一边走出教室一边喊)大家快来,我们一起玩。

(学生B和其他同学走在一起)

学生C:那新来的同学真是太好笑了。哟,你瞧瞧她那副穷酸样。

学生D:就是,就是,(咳嗽两声)看我的,(学她介绍时的样子)大家好,我叫美丽,我……我……(大笑)

学生A:说什么呀!

学生C:你听得懂吗?哈哈,不懂。

学生A:她呀!长得这么丑,还叫美丽,干脆就叫她丑小鸭算了。

其他学生:对!就这样叫,定了。

美丽:(走到一边,看着同学玩耍,很伤心,自言自语)为什么?为什么?我又没有做错什么事?他们为什么这样对我呀?我实在想不明白,太让我伤心了。(心里很不是滋味)

学生B:你们不知道,刚才她还要找我玩呢?

学生A:你呢?

学生B:我才不跟她玩呢!

学生C:最可气的,她还抢我位置坐呢!我们整整她?

学生D:要整人我最在行,看我的。(拿出一张纸写上“丑小鸭”大摇大摆地走过去贴在美丽的背上)

(美丽噘着小嘴,撕下纸,看到后很伤心,往教室外走)

学生D:怎么样?

学生A:太棒了。

学生D:再看。(他抓了抓裤子,又大摇大摆走过去自己撞了她一下并假

装摔倒)

美丽:(自己也差一点摔倒,但她赶快把学生D扶起来)对不起,对不起……

学生D:(甩开她的手)你干吗挡我的道,对不起有什么用! 走开!(说完还推了她一下,再走开)

(美丽伤心地回到了教室里)

其他学生:走,我们去别的地方玩!(学生退场)

美丽:(自言自语)我本来想来到新的学校,可以认识许多新同学,可今天是怎么啦? 我说话,他们笑话我;我穿的衣服他们嫌不好看。对了,要不我叫爸妈给我买几件漂亮的衣服吧! 可爸妈工作那么辛苦,也没有那么多钱呀? 我找同学玩同学不理我,甚至还捉弄我,我该怎么办,我该怎么办……(伤心得哭了)

(美丽边哭边写日记)

旁白:她把自己的心事写在了日记里……终于等到了放学。

(美丽收拾好东西回去)

第三幕: 畅诉心扉 感受友谊

(几天后的一次班会课上)

老师(走进来,一脸严肃,手里还拿着一本日记本):同学们,昨天,我看到了一位同学的日记,说她遇到了一些麻烦,希望大家能够帮帮她,给她出出主意。经过她的同意,我们来听听她的心声。

(听到这儿,一些同学小声嘀咕)

学生A:谁呀? 是你吗?(学生D耸耸肩,摇摇头)

学生B:谁呀?

老师:老师,虽然我是一名外来的学生,但我也渴望有朋友。是转学生,就不能有朋友吗? 就不能和大家一起玩吗? 大家为什么那么讨厌我呢? 就因为我讲的话跟他们不一样? 或者因为我穿得不如他们吗? 还是因为我长得丑? 我真怀念老家的同学啊……唉,我该怎么办? 谁来帮帮

我?(听着听着,同学们低下了头)

老师:同学们,我看了美丽同学的日记后,我的心情非常沉重,也感到很痛心。我昨天晚上一夜没睡好,我想在我们这个非常团结友爱的班级里为什么会发生这种事情呢?假如我们也离开家乡来到新的环境,不但没有受到同学的欢迎,反而处处受到同学的嘲笑、排斥,甚至捉弄,我们又会有什么感受呢?(同学们低着头,谁也不说话)

老师:你们有什么想法可以说出来,大家一起交流好吗?

学生C:(慢慢地站起来)老师,我……我……我错了,我作为一名班干部,没有起带头作用,我错了,我愿意向她道歉。

老师:你能这样想真好!(美丽回过头看了她一眼)

学生B:老师,我因为她是外地的,而不理她,是不对的。

老师:希望你能改正!

学生A:(站起来,点点头)我想假如我是美丽,来到新环境,同学这样对我,我也会很伤心。

老师:但愿你能真心对她。

学生D:其实,她跟着爸爸妈妈离开家乡,来到我们这里学习也很辛苦,我不应该故意去撞他。

老师:你能体会她的处境我真高兴,但愿你以后不要再欺负她了。

老师:我希望同学们能以希望别人对待自己的态度来对待新同学,让她跟我们一样享受集体的温暖。我真心希望同学们能好好对待她,别让她再伤心流泪了。

学生A:(转过头低声说)我们是不是做得有点儿过分?

学生B:我也感觉有点儿过分。

学生C:(跑过来)我们去向她道歉吧!

学生D:我不要,要去你们自己去。

学生C:怎么啦?心理健康课上,老师讲过,要学会换位思考。

学生A:为什么?

学生B:你忘了老师刚才说的话吗?同学之间应该和睦相处。

学生D:可是……

学生E:就是!走啦!

学生C:对不起,美丽,我不应该这样对你。

美丽:(站起来)没关系。

其他学生:对不起,我错了,你能原谅我吗?

美丽:没关系,没关系。

学生B:(把手伸出来)来,让我们做好朋友。

(音乐响起)

全体学生:(都把手放在了一起)我们永远是好朋友。

美丽:(走出教室,边走边说)今天是我最开心的一天,因为我拥有了许多新朋友。谢谢你们,谢谢你们。我会努力克服自己的缺点,尽快适应新的学习环境。

(音乐声中,学生一起跳舞)

【点评】

本剧《插班生》结合学校实际情况,可以看出编者的用心良苦。选题明确新颖,有很强的教育、启示意义,很适合学生来表演。

从内容上来看,本剧反映了学生存在的心理困惑和心理问题,呈现出学生的内心世界和心理冲突,反映了真实的校园生活。

在心理问题的解决方法上,问题表述清楚,心理冲突明显,解决方法积极有效,能有效启发观众思考,让演员和观众都受益匪浅。

在表演过程中,几位小演员配合得非常默契,言行能很好地展现剧中人物的心理活动,道具使用恰到好处。

六、谁知我心

【剧情简介】

一个不被老师信任的孩子,对自己自暴自弃,对老师产生了敌对情绪,时时处处跟老师作对,把班级搅得一团糟,看着老师生气了,他就得意地笑。他还有希望吗?

【人物简介】

东东:班上的调皮大王,爱和老师作对。

牛牛:东东的同桌。

阿良:东东的好朋友。

燕子:学习委员。

莹莹:中队长。

王老师:新来的老师。

蒋老师,陈老师,包老师,丁老师和学生若干。

【剧本】

第一幕: 办公室里

蒋老师:(用力把教案往办公桌上一摔)气死我了,气死我了。

陈老师(探着身子问):你刚才是给三班上课了吧? 怎么没看见那个常来办公室的学生呀?

包老师:一定是东东,十次有九次都是他。

蒋老师:(气得捂着胸口)那个东东简直……你们不知道,课堂上别人坐直他静息,别人静息他坐直。我一让写作业,他就撕作业本,然后团成小纸团,一会扔一个,一会扔一个,去教室里面看看,都是他扔的纸团。我转身往黑板上写题,他就在下面叫这个的名字,叫那个的名字,我明明看到他在说话,他就是不承认。我一批评他,他就梗着脖子,声音比我还大,气死我了。(端起杯子喝水)

丁老师:看看这个不省心的孩子,你也别生气了,气坏了身子明天怎么给他们上课? 王老师才来接这个班,你别吓着她了。

蒋老师:王老师,你是不知道,我今天一点也不夸张,你们班的东东是真闹腾,给三班上一节课是真累。

(王老师刚想说什么,就听见有学生报告)

包老师:一定是三班的,大事小事就没断过。

燕子(边哭边说):老师,上数学课的时候,东东老捣乱,我说了他一句,他下课的时候揪我的辫子。

(王老师猛地站起身,一边安慰燕子,一边往教室走去。这时,上课铃响了)

第二幕:通往教室的走廊里

(通往教室的走廊里,一群女生把王老师团团围住)

女生A:王老师,你可要小心东东,他曾扬言说不会让老师的日子好过。

女生B:对,他可是我们班的捣蛋大王,不让教室有一刻的安宁。

女生C:他从来不交作业,老师不向他要还好,一跟他要作业,他都能把老师气得哆嗦。

王老师:是吗?

学生们(齐声):是啊!是啊!

王老师:哦,我知道了,马上上课了,你们几个先进班吧。

(几个女生进班了)

王老师:呵呵,东东,真是不见其人,先闻其名。

第三幕:教室里

莹莹:东东,上节课你过分了。王老师来给我们上第一节课,不能捣乱了。

东东:你带领你们女生求求我,我就不捣乱。

莹莹:你!(气得说不出话来)

(王老师走进教室,用目光搜索目标。她看到了老师们描述中的东东,果然目中无人,大家都安静了,他嘴里还哼哼地唱)

王老师:那位同学不要说话了。

东东(仿佛一下子来了精神,大声地):我没说。

王老师:对不起,老师视力不好看错了,(从口袋里把眼镜拿出来,戴上)请你原谅。

（东东愣了一下，随即又换上一副无赖的眼神。王老师一句话不说，用微笑的眼神和东东对视。东东的眼神也盯着老师，一副挑衅的神态。王老师微笑着不说话，足足有三十秒，笑得东东无赖不起来了。开始躲避王老师的目光。王老师还在微笑，教室里越来越安静，同学们好奇地看着这一幕）

王老师：东东，恭喜你！（东东没听懂，一下子愣了）好，上课！

同学们：（起立）老师好！

王老师：同学们好！（同学们坐下）同学们，我是教语文的，但今天我想给大家上节数学课。（同学们都很吃惊，明显地，课堂上安静了，包括东东也好奇地看着王老师）我先给大家出一道数学题。（转身在黑板上写了一道数学题：1+1=（ ））

东东：切！

（教室里也开始有了议论声）

王老师：想必大家觉得很简单，东东，你来告诉大家答案吧。

东东：等于2。（然后自信满满地看着老师）

王老师：是吗？我觉得你的答案不完全对。（教室里前所未有的安静）1+1的答案有很多。比如一条河流加上一条河流还是一条河流，这样来说，1+1就等于1；如果是一头公牛和一头母牛相加，它们还会生下一头小牛，那么1+1就等于3；当然了，如果母牛生下来一对双胞胎的话，1+1就等于4；（同学们笑了）如果按照人的一次出生加上一次死亡的话，1+1就等于0，或者等于无穷大。当然了，老师教的一节课和学生学的一节课相加，应该等于多少呢？（同学们你看我，我看你，不知道该怎么回答）

王老师：1+1的答案是不确定。就举个很简单的例子，同样的一节课，对于其他班同学们来说，是比2要大的，他们收获了知识，同时也获得了老师的尊重。对于我们三班的同学来说，1+1就比2要小，甚至可能等于0，还有可能比0还小，因为我们不但没有获取知识，还失去了老师对我们的信任和喜爱。（看着东东）这就是我要恭喜你的原因。你用你的行动让1+1小于2了，你比数学家厉害多了。（东东本想争辩什么，张了张嘴，竟然不知道说

什么才好)

(下课铃响了)

第四幕：放学路上

燕子：你们发现没，今天我们的课堂怪怪的，很不正常。

莹莹：是啊，我也觉得，特别是东东，好像一节课都没有离开座位。

女生A：哼，说不定是看新老师来，在琢磨办法对付老师呢。

女生C：我也觉得他不会安什么好心。王老师这节课不过是侥幸。(几个女生走过，东东和他的伙伴们走了过来)

阿良：东东，你觉得这个王老师怎么样?

东东：不知道，挺奇怪的。

阿良：我觉得王老师的脾气挺好的，你看她上课的时候一直是微笑的。

东东：可我觉得她笑得很吓人，她一笑，我啥招儿都用不上了。

牛牛：东东，你不会还跟王老师作对吧? 她可没得罪你，我看她对你挺和蔼的。

东东：你们俩别说了，挺没劲的。(踢了小石头一下，然后走了)

阿良，牛牛(齐声)：东东，别走这么快，等等我们。

第五幕：东东家旁边

(王老师在社区的一个椅子上坐着，她看了看表，时间差不多了，她抬起头往远处看了看，露出了笑容，东东正从远处无精打采地走来)

王老师：东东，回来了?

东东：嗯。

王老师：怎么了，不高兴了?

东东：没有。

王老师：你怎么不问问王老师为什么到这里来呢?

东东(没好气地)：还不是来我家告状的，随便，我不怕!

王老师(笑)：我是来向你表示感谢的!

东东(猛地抬起头)：感谢我?

王老师:是呀,今天是老师的第一节课,你这么给老师面子,你不知道老师的心里有多感激。在来你家的路上,我一直在想,东东是个那么漂亮的孩子,为什么不能让老师喜欢呢?我猜想会不会是老师们有偏见,故意跟漂亮男孩作对呢?

东东:(在王老师的注视下低下了头)其实,我也不是故意和他们作对的。

王老师:哦?那是为什么呢?

东东:上个学期,上数学课的时候,我上课没说话,蒋老师非说我说了,我就跟她争辩,她就把我叫到办公室里,在那么多老师的面前,把我说成一个坏孩子。(哭了)办公室那么多老师,他们都觉得我是个坏孩子。

王老师:(拍拍东东的肩膀)委屈你了。被误解的时候你一定很难过。

东东:班上的女生,一点小事儿就向老师告状,有时候事情跟我没关系,她们人多势众,老师总是相信她们。

王老师:呵呵,我说呢!原来是这样。看来呀,话不说不透,理不辩不明。我就想啊,这里面一定是有什么误会,要不然,那么聪明的一个孩子为什么会这样。

东东:我也知道,我在课堂上跟老师作对不对。可我……

王老师:(拍着东东的肩膀)老师都懂!感谢你把心里的话告诉我了。你不知道,被人信任是件多么幸福的事情。你想引起老师的注意,可以用自己优秀的表现;受了委屈,想向老师解释,方法有很多种,既能解决问题,又很绅士。你的那些方法缺乏技巧,伤害了别人,也伤害了自己,不划算。

东东:王老师,我不想做一个坏孩子。

王老师:老师相信你不是个坏孩子。

东东:你相信我?

王老师:是呀,为什么不相信呢?

(东东坚定地、幸福地握住了王老师的手)

王老师:时间不早了,快回家吧,别让爸爸妈妈等急了。

东东:哦,王老师再见!

王老师:再见,东东小帅哥。

东东:(幸福得跳了起来,大喊)我也是个好孩子!(然后一路跑回家)

旁白:忙忙碌碌日西坠,旭日东升再一回,新的一天新气象,精彩的故事紧相随。

第六幕:校园里

(两个女生边走边说)

女生A:怪了,今天我们组的作业多了一本,我一看,是东东的,我以为他要老把戏——交空本呢。我一看,老师布置的作业他全写了。

女生B:不正常了,今天东东破天荒地值日了,我都不记得他上一次是什么时候打扫卫生的。

王老师:(走在她们的背后听她们俩交谈)嗨!

女生A,女生B(齐声):王老师好!

王老师:不小心听到了你们的谈话,我觉得东东的变化不但不奇怪,还很正常。每个人的内心都是向上的,希望自己往好的方向发展,东东也不例外。当你尊重他的时候,他是不会自己毁掉自己的形象的。

陈老师:(抱着一大摞作业本,一直边走边听,忍不住上前搭话)是啊,是啊!东东在作业本里写了一张纸条,向我道歉,我心里什么都放下了,有时候一句话的事,竟然会让大人变得跟个小孩子似的。

东东(迎面走过来,一把从老师手中接过来):陈老师,我来抱作业。

(王老师和陈老师相视一笑,走进了教室)

【点评】

这是一个典型的“师源性”问题。编者经过长时间的观察并对大量的“问题孩子”进行根源探索,发现了这个问题,找到了创作的切入点。这个问题老师们貌似可以绕开,却无论如何又绕不过去,在老师间比较有冲击力。在排练的过程中,就有老师忍不住针对这个问题进行了激烈的辩驳,为自己辩解的同时不得不承认老师对学生的态度会对学生造成很大的影响。

在角色的选择上，采用的是本色表演。剧中的主角和演员是同一类孩子，主角的切身体会让他在剧中有最为真实的情感流露，特别是主角在课堂上用偏差行为去影响别人，吸引老师注意力的时候，他顽皮的外表下面是一颗脆弱的心灵，对老师的认同充满了渴望。配角在表演的时候，表情、动作、语言都比较到位，配角们的相互配合，很自然地把主角带到了最大限度发挥自己的场景中，为主角在剧中的情感触动起到了一个很好的推动作用。

在剧中，辅导老师采用的技术就是对东东的无条件接纳、共情，满足他的期待，然后直抵他的内心。这是对生命的唤醒，也是对心灵的最大的滋养。

七、穿越生命的一本书

【剧情简介】

一个班级里的“问题学生”巴黎，大家都不喜欢他。他父母离异，内心孤单，希望得到关注，却表现得对任何事情都不屑一顾。遇到一位特别的老师，送给他一本特别的书，书中的主人公让巴黎内心触动，甚至慢慢地改变自己……

【人物简介】

杨老师：年轻漂亮，关心学生，有个性、有想法的老师。

巴黎：班中“问题学生”，父母离异、父亲酗酒。

萨哈拉：父母离异，曾经老师眼中的“问题学生”“特别学生”，不爱写作业，热爱阅读！

晨晨：中队长、成绩优异。

其他学生：琪琪、佳佳、思雨、晨晨、凯凯等。

【剧本】

（开学第一天，教室里同学们都坐在自己的位置上，唯独一张桌子歪歪扭扭,桌子上乱七八糟……)

(巴黎伸懒腰,一副不屑一顾的表情,全体学生安静地趴在桌子上)

琪琪:(开心地站起来)又是一学期的新开始,好开心啊,我最希望和我们班中队长辰辰同桌,最害怕的就是和巴黎同桌(难过)。请我亲爱的老师,千万不要让我和巴黎做同桌啊!

佳佳:他上课吃东西、自言自语、做小动作,真的太讨厌了!

思雨:他不讲究个人卫生,夏天他身上还有很难闻的气味呢!

晨晨:谁跟他一小组谁倒霉,他最影响小组的荣誉了,我们都不喜欢他!

凯凯:我妈妈说他爸爸天天酗酒,还天天打他,他也很爱打人,所以不让我和他坐一起。

集体(走向巴黎):"你那么不爱学习,你一个人坐好了!""你妈妈走了,不要你了!""你爸爸天天喝酒,也不要你了!""你的爸爸妈妈都不要你了,没人要的小孩!"(全体大笑)

(灯光聚焦巴黎,双手垂在体侧,握紧拳头,脸部肌肉慢慢收缩,表情越来越愤怒,大喊一声:不要再说了,冲出教室)

(杨老师进班,和跑出教室的巴黎碰到了)

杨老师:孩子,你这是在欢迎我吗?(牵着巴黎的手走向讲台)你应该笑着迎接老师,为什么哭呢?

晨晨:老师,巴黎是个坏孩子,大家都不喜欢他,都不愿意和他在一起。

杨老师:在老师眼里没有坏孩子,只有特别的孩子,巴黎就是一个特别的孩子,下面大家以热烈的掌声欢迎巴黎坐到座位上。

(舞台上,喧嚣声渐止,光圈投射在巴黎和老师身上,巴黎趴在桌子上,一声不响,教室只剩下巴黎一个人,老师走向巴黎)

杨老师:怎么会闷闷不乐啊?

巴黎:老师,大家都讨厌我,你也很讨厌我吧?

杨老师:不!恰恰相反,在我看来你是个很特别的孩子,老师为你准备了一份特别的礼物,《特别的女生萨哈拉》这本书送给特别的你,希望我能成为你的波迪老师！

（巴黎一个人津津有味地在看书，慢慢地趴下，进入梦境）

萨哈拉：嗨，你好。

巴黎：……

萨哈拉：你好，我叫萨哈拉。

巴黎：是那个城市名吗？

萨哈拉：对啊！

巴黎：我叫巴黎，也是个城市名。

萨哈拉：真好！原来我俩的名字还特别像，你有什么不开心的事可以和我说说啊。

巴黎：萨哈拉，我很不开心，同学们都不喜欢我，我的爸爸妈妈不要我，我成绩很差、爱捣乱，不知道给别人添了多少麻烦，我该怎么办啊？

萨哈拉：巴黎你很棒的！你知道吗？我以前也是个特别的学生，我最怕的是同学在去厕所的路上看见我，他们冲我吹口哨，还大声地喊“特别的萨哈拉”，他们说的“特别”不是羡慕的意思，而是相反的意思。我假装听不见，其实我听见了，不只我的耳朵听见了，我的全身上下每个细胞都听见了！

巴黎：那你不难过吗？不觉得愤怒吗？

萨哈拉：我很难过，我的妈妈也很难过，但后来我留级了，遇到了我的波迪老师，波迪老师特别喜欢给我们讲故事，给我们讲了名字的由来，巴黎我相信你的名字也是特别的！

巴黎：真的吗？你说的是真的吗？

萨哈拉：是真的，当然是真的！波迪老师还讲了“苹果”的故事，我最喜欢这个故事，故事中有个小男孩，在家里小男孩做错事情被爸爸打，他走在上学的路上，树儿不跟他说话；来到学校，同学们也不跟他说话。于是，这个男孩在内心呐喊“我为什么不能读”“我为什么不会”“我为什么没有朋友”？

巴黎：因为他不能跟他的爸爸发脾气，爸爸会打他。

萨哈拉：对！所以他只能冲着同学、老师发脾气，只能让自己表现得越来越不在乎别人，这样才能保护自己。那么，巴黎你呢？

巴黎：我……

萨哈拉：每天小男孩不写作业，用不同的话语伤害老师和同学，他的老师觉得自己当老师这么多年实在是很失败。他在日记本里许愿，希望这个老师消失，第二天上学小男孩发现老师不见了。他突然觉得很害怕，同时他觉得心里空荡荡的，以为这都是自己许愿造成的，但是他没有人可以倾诉！

巴黎：那后来那个男孩怎么样了呢？

萨哈拉：一天早上，他沿着小路去学校，突然听到了以前没有听过的声音，是树的说话声！他害怕极了，开始在小路上狂奔，当他停下的时候发现了一棵苹果树，在苹果树下，他发现了那个老师的包和潮湿的书，书下压着的正是写着他愿望的日记本。他记起了那个愚蠢的愿望，摸着潮湿的书，他流泪了，也懂事了！很多年以后，他又回到这所学校，带着学问和知识回来，没有人知道从前他是个“坏孩子”！

巴黎：他是不是拿出了那些书，每天下课就在操场上自己读那些书？

萨哈拉：巴黎你太聪明了！他从此喜欢了阅读，喜欢上了学校！

巴黎：我一直以为学校是座“牢笼”，老师是里面的“看守人”，原来学校是个神奇的地方，是成就梦想的地方，阅读能让人发生这么大的变化，太神奇了！

萨哈拉：是的，只要你愿意，在这里你就能成长！在这里你可以证明你读书很棒、听力很棒、记忆力很棒。阅读让我们领悟、让我们收获、让我们重生！

巴黎：但是我做所有的事都很棒又能怎么样呢，这些不是学校关心的问题，不是吗？

萨哈拉：错了，这些都是我们的财富，在阅读中我找到了我的梦想，成为一名作家，写一本好书，放在图书馆里给别人看。巴黎你的愿望呢？

巴黎：我真的可以吗，可以有愿望吗？可以让自己改变吗？

萨哈拉：巴黎你可以的，加油我相信你！期待你的进步！爱你的萨哈拉！（边说边退）

巴黎（自言自语、呐喊）：我也可以有进步，我也可以改变，变得大家都喜欢我；我也可以有梦想，可以像萨哈拉那样通过读书和写作让自己变得更好！我可以的！

（巴黎在安静地看书，学生进场）

琪琪：咦，你看巴黎在那看书呢！这是我们以前认识的巴黎吗？

佳佳：最近巴黎有了很大的变化，他上课认真听讲，下课了就一个人坐在那看书，他还得到老师的表扬了呢！

晨晨：巴黎变了，我想让他们加入我们的小组。

杨老师：同学们你们想想是什么让巴黎有了这么大的变化呢？

全体学生：是阅读给了他力量！

杨老师：对！是阅读改变了巴黎！

巴黎：我有一个美好的愿望，就是想和大家做朋友。曾经我是那么孤独、那么惹人讨厌，但其实我可以变得很棒！

杨老师：你一直都很棒，你是最特别的！（伸出双手拥抱大家）让我们成为真正的朋友吧！

（朗诵诗《我的自画像》）

当我还是个孩子，
我只躲在草场的角落，
自己做自己的玩伴。
我不喜欢娃娃，
我不喜欢游戏，
动物们在我看来也不友好，
鸟儿甚至也飞走了。
如果有人找我，
我会躲在树后，

然后大声地喊“我是个孤儿”。
而现在，你成了所有美好的中心，
写着美丽的诗篇，
倾诉着美丽的梦想！

（舞蹈：爵士《五彩缤纷的梦想》，全体演员谢幕）

【点评】

该剧选题以阅读展开剧情，全剧充满了“正能量”，具有很好的教育意义。全体演员表演投入，角色感强，情节丰富，引人入胜，剧本通过引导学生自我改变，学生最终重获自信并赢得他人的尊重，突出了学生信心重建的过程，真实地再现了学生校园生活中经常发生的情境。剧中尽管没有太多的场景切换，但问题呈现明确，演员表演认真、到位。从这个剧中孩子们可以深刻地体会到阅读的力量。最后用舞蹈收尾将整个心理剧推向高潮，同学们都唱着跳着《五彩缤纷的梦想》，所表达的各种情感也正是主人翁内心深处所渴望的。

八、“英语达人秀”之后

【剧情简介】

李建豪同学自从参加我校第二届英语达人秀并在节目《武松打虎》中扮演武松获得第一名之后，觉得自己真的变成了一个大英雄，从此变得骄傲自大，总想在同学们面前炫耀一番。经过班主任和同学们的开导之后，李建豪同学不再蛮横无理，他决定要学习武松勇敢正义的精神。

【人物简介】

主角：李建豪。

配角：班长王柯欣、李老师 。

学生：李雨桐、唐小欧、韩秋燕。

【剧本】

第一幕

旁白:李建豪同学在我校第二届英语达人秀中出演《武松打虎》节目中的武松,表演得特别精彩,深受同学们的喜爱。之后每天李建豪都觉得自己是一个盖世英雄。嘿,看,李建豪来了,后边那是谁啊,噢,原来是班长兼学校大队长王柯欣。李建豪洋洋自得,边走边吃花生、香蕉,还把果皮到处乱丢。

王柯欣:李建豪!你不要乱扔垃圾了,同学们辛辛苦苦把学校打扫得这么干净多不容易啊,你这样乱扔果皮,破坏了学校的环境,再说一会儿校大队部就要来检查了,这样的情况会扣我们班分数的,同学们辛苦地劳动了一星期却得不到流动红旗,多伤心呀。(耐心劝导)李建豪,你别扔了……(拾起香蕉皮)

李建豪:哎哟,班长大人,你是校大队部的大队长呀,扣不扣分,还不是你说了算。切!你睁一只眼闭一只眼不就过去了嘛,你不会不扣分呀,真是个“傻子”。(不屑一顾)

王柯欣:李建豪,你怎么能这么想,作为大队长,我必须得公平公正,不能偏向自己的班级,我得一碗水端平了!(一本正经)

李建豪:那你就扣吧,扣吧,我才不在乎呢!大英雄不拘小节也,再见了,班长大人。(耸耸肩,离开)

王柯欣:你……(无奈)

第二幕

旁白:放学后,李建豪来到操场打篮球,他把书包和衣服放在操场北边花廊的座椅上。他打完球去拿书包和衣服,看到自己的东西都掉在地上,顿时火冒三丈,勃然大怒。

李建豪:嗯?谁这么大胆,竟然把我的书包和衣服扔在地上!真是太可恶了,(火冒三丈,一脚把座椅上面其他的书包和衣服扔得满地都是)都一边儿去吧！敢惹本大爷，我要让你们付出代价……

王柯欣：你干吗呢，建豪？你把别人的东西都扔掉干吗？

李建豪：你没看见谁把我的书包和衣服扔了吗？有仇不报非君子（理直气壮），我绝不能受这样的窝囊气。

王柯欣：哎呀，你怎么能这么想，也许别人不是故意的呢，你也不能随便把大家的书包都给扔了呀！来，来，我们一起把地上散落的东西都捡起来吧！（耐心劝导）

李建豪：要捡你捡吧，我才不捡呢！我是咽不下这口气，哼！（扭头走了）

王柯欣：唉，你……这是什么人哪！

第三幕

旁白："李大英雄"要回教室舞文弄墨了，此时，李雨桐、唐小欧她们正扶着扭伤脚的韩秋燕上楼梯，他们一步一步小心地走着。突然，李建豪莽撞地冲了过去，把韩秋燕撞倒了。

李雨桐：李建豪，站住，你把秋燕撞倒了，她的脚本来就扭伤了，走路很疼，你不帮也就算了，怎么能这么不小心。再说，你又撞倒她，她的伤势就会更严重了，你不知道吗？

李建豪：（结结巴巴）你……你说什么，我把她撞倒了，是你们挡住我的路的呀！"好狗不挡道"你不……不知道吗？你们霸占楼梯这么长时间，净耽误别人的时间，耽误别人的时间就是谋财害命，我的时间可宝贵呢，你懂吗？

三人齐：你怎么这么说话！

李建豪：哼！"好男不跟女斗"，我不跟你们一般见识！（扭身上楼梯）

（三人你看看我我看看你，沉默不语）

第四幕

旁白：上课铃声响了，六年级五班要上口语交际课了。

李老师：上课。

班长:起立。

学生们:老师早上好。

李老师:早上好,同学们,这一节课我们上口语交际。今天我们来讨论一下名著,你们看过四大名著之一的《水浒传》吗?

学生们:看过。

李老师:那么,书中你最喜欢哪些人物呢?能说一说你喜欢他们的理由吗?(学生们议论纷纷)

学生A:老师,我喜欢武松,他是个大英雄,他赤手空拳打死了猛虎,为民除害。

学生B:我也喜欢武松,他疾恶如仇,他的长兄被西门庆害死了,为了给长兄报仇,他当机立断。

学生C:我也喜欢武松,他“醉打蒋门神”,惩恶扬善,一身正气。

李老师:如果武松回到了现代,就生活在我们身边,和你们是同学,你们希望武松是个什么样的人呢?

学生A:我希望在我困难的时候,他能帮助我,如果有人欺负我,他能制止那些学生,并教育他们同学之间要互相关爱。

学生B:我希望武松能关心同学,关心集体,为我们班的进步和发展出谋划策,贡献力量。

王柯欣:我希望武松能宽宏大量,不要为小事斤斤计较,对那些调皮捣蛋的学生要“动之以情,晓之以理”,而不是“以牙还牙”。

李老师:嗯,同学们说得真好,相信“武松”一定能虚心接受大家的意见和建议。(李老师看了看李建豪)

旁白:听到这些,李建豪惭愧地低下了头。他逐渐认识到了自己的错误。

李建豪:(惭愧地)李老师,同学们,对不起,我以后再也不蛮横无理了,一定和大家齐心协力,为我们班争光,为我们外国语小学争光。

全体学生:做一个合格的好“武松”。(学生一起热烈鼓掌,李老师满意地点点头)

李老师:这节课上得特别有意义,相信同学们都有很大的收获。希望大家以后都养成良好的品德,争取更大的进步。好了,同学们,这节课就上到这里。下课!

(全体演员谢幕)

【点评】

《"英语达人秀"之后》这个心理剧以轻松、幽默的语言,展示了一个获得小小成功后就变得骄傲自大、不可一世的小学生形象。

此剧中所讲述的剧情是学生自编自演的,第二届英语达人秀时孩子们表演了课本剧《武松打虎》深受同学们欢迎,孩子们灵感由此而发,创作了《"英语达人秀"之后》这部心理剧,剧中内容通俗易懂,贴近学生生活,使学生在快乐中成长,在快乐中反思,达到了教育的目的。

亲子篇

一、你快乐吗

【剧情简介】

一个12岁的孩子涛涛(网名C),对生活、学习失去兴趣,就因为家长对其期望太高,对其课程学习抓得太严,不让他参加任何的课外活动。通过一次在校园网络聊天室里的聊天,在同学们的鼓励和老师的支持下,他偷偷参加了自己喜欢的舞蹈社。涛涛不但没有因此耽误学业,反而学习成绩还有所提升。其实在网络聊天室里的G就是涛涛的母亲,通过这次意外的交流,这对母子不仅打开了心结,而且这位家长也明白了学习不仅要学习课本上的知识,课外活动也是学习的一部分。

【人物简介】

涛涛(C)、涛涛母亲(G)、网络聊天室成员、合唱队队员、语言班成员、老师、两只虚拟网络的“猫”。

【剧本】

A、B:嗨,大家好,欢迎来到校园悄悄话网络聊天室。

A:自我在这里展现。

B:情感在这里交流。

A:今天我们讨论的主题是什么?

B:快乐!

A:快乐?

A、B:快乐!

A、B:讨论开始了!

C:唉!(叹气)

D:怎么了? 什么情况?

C:叹气呀!

E:年纪轻轻叹什么气呀!

C:(叹气)我都12岁了,从来就没有快乐过,快乐到底是什么样的感觉呀?

E:这是一个很深奥的问题,快乐到底是什么样的感觉呀?

合:什么样的感觉呀?

E:我也不知道!

合:啊?

D:我提议,想要快乐的话就去参加学校的第二课堂活动吧!

F:是啊,是啊! 进合唱队!

E:来舞蹈队(一个舞蹈动作),怎么样? 我帅吗?

合:哇!

C:帅呆了,可是我妈就是不同意,她整天就知道让我读书。

G:读书有错吗? 你现在不应该读书吗,你不但要读书,还要写大量的课外练习题,这样才能提升成绩。

C:我天天学习,天天做题,可是我的成绩还是不理想。

E:为什么?

G:这还用说,他应该再做更多的题。

E:拜托,这位同学,他再这么下去,会被逼疯的!

C:唉,我现在越来越没有自信了! 可能我的智商天生就比别人低吧!

合:唉!

H:同学,你应该好好跟你妈妈谈谈,学习不仅仅是埋头读书,舞蹈、唱歌、绘画、手工等同样也是学习的一部分,它们能让你在享受快乐中,提升自信,增长能力。

E:高见!

D:深刻!

F:精辟!

G:学生就应该专心致志地学好功课,唱歌跳舞是不务正业。

C:天呐! 和我妈的口气一个样。

E:那你喜欢什么呀?

C:跳舞!

F:那你就和你妈说呀!

D:我哪敢呀,我要是一说,她管我管得更严,今天要不是她去单位加班,我连上网几分钟都不行。

F:那你岂不是很痛苦。

D:那你可怎么办呀?

C:怎么办?“凉拌”!

G:你要理解你妈! 她这样做是为了提高你的学习成绩。

H:提高学习成绩固然重要,但更重要的是提高学习的能力,一个学生如果掌握了课本的知识,完成了该做的作业,完全可以通过参加自己爱好的课外活动,来提升自己的能力!

D:对,想唱就唱,唱得响亮。

E:来吧,舞蹈队欢迎你!

合:欢迎你!

G:如今社会竞争激烈,学生不学好知识,怎么能考上好大学,考不上好的大学,怎么能找到好工作? 如今这学校搞这么多活动,非把学生功课耽误了不可,反正我的孩子呀,我是坚决不让他参加。

D:听这口气,您还真是位家长呀!

F:尊敬的家长大人,您的孩子这么不开心,能读好书吗?

E:他读不好书,您能开心吗?

D:您要是不开心,您的孩子能开心吗?

E:唉! 跳自己的舞,让你妈说去吧!

（放音乐）

A、B：话语不多，内涵不浅，这个话题，意义深远，时间已晚，赶快下线，好好休息，下次再见。

A、B：嗨，大家好，已经两个月过去了，可是关于快乐的话题还在继续哦！

C：告诉大家一个好消息，我加入了学校的舞蹈队，同学们都夸我特别有灵气，是块跳舞的料。

F：真的？

E：要好好练，我们一起为你鼓掌！

C：低调！低调！

D：那关于跳舞的事，你妈是怎么说的？

C：她不知道，我猜她要是知道了呀，她会疯！

H：那也不一定，如果你真能在舞蹈中感受到快乐，又不影响学习，我想家长会意识到自己的想法是错误的。

C：就我妈那脾气，她会认错？

G：家长是怕影响你的学习成绩。

C：才不会呢！我们学校舞蹈队里很多人的成绩都特别好。

D：我说你们的舞蹈队有什么了不起的，看看我们的合唱队，那才叫群英荟萃呢！

G：花这么多的时间在课外活动上，学习成绩就不会下降？

H：其实课外活动也是学习的一部分，是课堂的拓展和延伸。

C：你们猜这次期中考试成绩，我提升了多少名？

合：多少名呀？

C：仅一个月，就提升了10名。

E：太棒了！

合：太棒了！

G：提升了10名？这次期中考试，你考了多少分？

C：语文96，数学98。

G:真的?

C:不服气呀?

G:你怎么不说呢?

C:跟谁说呀?

G:跟我说呀!

C:我刚刚不是说了吗!

G:哎,你怎么不早说,不是在这儿。

C:有这个必要吗,你又不是我妈。

G:我就是你妈!

C:是我妈我也不说,我妈?

合:嗯?

D:不可能,戏演得不错呀,来我们语言班吧。

C:对不起,我先下了。

G:等等,我问你,你进舞蹈队为什么不跟我说,你期中考试成绩,你为什么说老师没有公布?每次问你在学校的情况,你就说不知道。我说东,你偏说西。我是什么?我到底还是不是你妈?

E:阿姨,他好像已经下线了。

G:你准备和我冷战到什么时候,你以为我不知道你已经进了舞蹈队吗?你已经多少天没有和我好好说话了,你自己说。

D:阿姨,他已经下线了。

G:昨天,我只不过是想和你聊会天,你为什么不耐烦地躲开呢,你知不知道我心里有多难受,我错了还不行吗?

F:阿姨,他已经下线了。

G:我知道,我就是心里憋得难受,你们慢慢聊,阿姨也下线了。

C:妈!

G:还在呢?

合:嗯?

G:下次演出是什么时候?

C:我以后不去舞蹈队了,不去了还不行吗?

G:你不去我去。

G:同学们,同学们,今天演出有我儿子的表演,你们看到了吗?

F:哪个是你的儿子呀?

D:是呀,平常都在网上聊天,在舞台上也认不出是哪一个呀?

G:不认识呀,跳的是《奔向阳光》。

F:《奔向阳光》十几个人一起跳呢!

D:到底是哪一个呀?

G:就是跳得最好的那一个,没看见吗?

F:是领舞吧?

G:领舞是什么意思?

E:就是站在第一排中间的那一个。

G:不是,不是。

E:那个是本人。

D:哇,你跳得太棒了!

G:别打岔,我说的是最后一排从左往右数第三个。

合:没注意。

G:怎么没注意呢,最后倒计时,被踩在脚底下,趴在地上的那个。

合:哦,是他呀!

E:那个是我们舞蹈队的小师弟,涛涛。

G:对,涛涛,你认识呀。

E:咦?他今天怎么没来呢?

C:嘿!我在这呢!这么高兴的聚会,我怎么能不来呢!

D:你怎么把网名给改了呀?

G:天天向上?

合:天天向上!

H:大家知道,“天天向上”这个名字里,都蕴含着什么吗?

G:快乐!

F:自信!

D:勤奋!

E:向上!

合:成才!

【点评】

本剧主要展现了家长与学生对待课外活动的不同态度。现在的家长只关注孩子的学习成绩,并未重视孩子的全面发展。成绩,并不代表学生的全部,只能检测跟呈现学生这一段时间的学习态度,让老师和学生做出相应的调整。本剧中C的成绩一开始并不怎么样,在家长的逼迫下有了厌学情绪,形成恶性循环。但是在偷偷参加了兴趣班之后,他变得开朗了,自信了,成绩也跟着进步了。本剧用简洁明了的话语让学生深刻体会到剧情中C的感受,并运用时尚的网络语言,更能被孩子们接受,从而产生良好的助人、育人效果。本剧突出重点,主题深刻,台下观众反应热烈,是一部好的剧作,值得推广!

二、爱我你就抱抱我

【剧情简介】

“爸爸妈妈,如果你们爱我就多多陪陪我,如果你们爱我就多多的亲亲我,如果你们爱我就多多的夸夸我,如果你们爱我就多多抱抱我。”

文中的青华,是一个品学兼优的好学生。他像其他的孩子一样,渴望爸爸妈妈能花时间陪陪他,但是他的父母,每天忙于事业,忽略了与他的感情交流。一句“没人要的孩子呀”深深地刺痛了青华的心,青华第一次与人动了手。青华的父亲来到学校,没有了解情况,就片面地认定青华变坏了,并说出“我要你有什么用”,加深了彼此的误会,从此,青华认为自己是没人要的孩子,开始自暴自弃。当同学又一次提到“他是没人要的孩子”时,青华恼怒了,失手打晕了同学。这时的青华,多么希望他的父母能抱抱他,能安慰他,但是没有,他等来的是再一次被父母否定,还被他的母亲打了一巴掌,伤心欲绝之下,青华离家出走。在街上,他遇到了卖馄饨的老板。老板的劝慰,让他了解到,他的父母其实很爱他,爱是相互的。他带着对父母的爱和愧疚回到了家,在父母的拥抱下,消除误会,这也让我们知道,爱需要表达。

【人物简介】

青华:一个品学兼优的好学生。他像其他的孩子一样,渴望爸爸妈妈能多多陪陪他,但是他的父母,每天忙于事业,忽略了与他的感情交流。

青华的父亲:成功的企业家,对青华抱有厚望。

青华的母亲:善良,慈爱,青华父亲的得力助手。

同学若干。

卖馄饨的老板,青华的老师。

【剧本】

第一幕: 爱 · 期待

(放学了,青华和两名同学拿着奖状一起走在回家路上)

同学A:A同学在2010—2011年度成绩优异,被评为三好学生。特发此状,以资鼓励。(高高举起奖状,大声读)

同学B:我也有呢! B同学,在2010—2011年度表现突出,特奖励运动鞋一双,以资鼓励,哈哈。(学着爸爸的声音)

(青华看了看自己手里的奖状,又看看旁边的两名同学,嘴角也不自觉地向上扬起)

(青华回到家,想象着父母看到奖状的开心样子)

青华:爸爸妈妈回来看到我的奖状,也一定很开心。(模仿爸爸)呦,我们家华华可真给爸爸争气。(模仿妈妈)来,宝贝儿,让妈妈抱抱。

(青华在屋子里踱来踱去,不知道该把奖状放在哪里爸爸妈妈到家才能一眼看到)

青华:放在哪呢? 柜子上。(看看,摇头)不行。(又放在鞋柜边,也不行)

对了,我就坐在沙发上,等他们一回来,就拿给他们看。(奖状握在手里)

(时间一分一秒地过去,可青华的爸爸妈妈还没有回来)

青华:(抬头看表)都十点了,怎么还没回来。

(楼栋里响起脚步声,青华连忙打开门去看,可是还不是他的爸爸妈妈。青华坐在沙发上一边看电视一边等着爸爸妈妈。青华不知不觉睡着了,手里的奖状掉在地上。父母到家,看到儿子睡在沙发上)

青华父亲:华华怎么又睡在沙发上了?

青华母亲:(走到沙发旁,蹲下,怜爱地摸着儿子的头)唉,我们整天这么忙,儿子自己在家也怪可怜的。我们每天起早贪黑的也是为了这孩子,可是每天回来看见他自己孤零零地在家里,我心里很不是滋味。

青华父亲:好了,别在那瞎伤感了,等他考上大学我们付不起学费的时候,才是真可怜呢。快去睡吧,明早还要开会呢!

青华母亲:哎!

(青华父亲准备抱起青华,但被青华母亲制止)

青华母亲:算了,别再把他弄醒了,就让他睡在这吧。

(第二天一早,妈妈给青华准备好早饭就跟着爸爸出门了,出门前给青华盖被子。他们关门的声音将青华惊醒,青华翻身坐起,找到奖状急忙追出门,可是他们已经走远了)

青华:爸,妈……

(青华失落地走进屋子,把奖状扔在一边)

青华:忙忙忙!你们总在忙。昨天也忙,今天也忙,明天还忙。永远都在忙,永远都只有我一个人在家。(头慢慢低下)

(上学路上,青华和两名同学一起上学)

同学A:昨天我爸看了奖状,开心得眼睛都眯成了一条缝了。(模仿爸爸的样子)我儿子可真了不起。哈哈!(蹦到青华前面,倒着走)这周末还要带我去世纪欢乐园呢!

同学B:我妈妈也特别高兴。对着我,抱了又抱,亲了又亲。(转向青华)你呢?

同学A:对呀对呀,你爸妈是怎么奖励你的呀?

青华:(把头扭到一边)要你们管!(加快步伐向学校走去)

同学A,同学B:哎,你慢点。

第二幕: 爱·相离

(教室里,青华不小心把钢笔水挤到了同学C的身上)

同学C:喂,你怎么搞的?!

青华:对……(青华本想道歉,可话还没说出口,却被同学C顶了回去)

同学C:眼睛瞎了吗?

青华:你怎么骂人呢?

同学C:骂你怎么了? 我还打你呢。(同学C推了青华肩膀一下)怎么了,怎么了?!(把衣服脱下摔到青华的身上)赔我!

青华:我给你洗洗吧!

同学C:你能洗干净吗?

同学D:让他拿回家,让他妈洗。

青华:我妈妈回家晚。(低头,小声)

同学C:哦,怪不得(轻蔑)。原来是没人要的孩子呀(故意大声)!

青华(脸顿时涨得通红):谁没人要?

同学C:不就是你了。(用手指着青华)

同学D:对,我经常看到他自己一个人在外面吃饭,他爸爸妈妈都不回家给他做饭,肯定是不想要他! 不爱他! 学习好也没用啊。

同学C,同学D:哈哈哈……没人要的孩子!(同学D手指着青华)

青华:你才没人要呢!(说罢猛地把同学D推倒在地。青华和同学扭打在一起,被老师喝止)

老师:你们到我办公室来!

(老师办公室,同学C,同学D在门外等)

青华父亲:(走进办公室)老师,是不是孩子犯什么错误了?

老师:家长请坐。孩子跟同学打架了。

青华父亲:打架?怎么回事?(看青华)

老师:为什么打架呢?几个孩子都说不清楚,都说是青华先动的手,我怎么问他,他也不说。就想让您过来了解一下情况。

青华父亲:打架?!你个兔崽子,不学好,让你来学校学知识的,你可好,学会打架了。

青华:爸爸……

青华父亲:我不是你爸爸,我就生不出你这么没出息的儿子。

青华:你听我说。(着急)

青华父亲:你闭嘴吧!我天天那么忙,没时间听你废话,今天要不是你打架,我用请假来学校吗?天天不学好,净给我添乱!

老师:其实青华各方面的表现一直都挺好,他跟同学打架肯定是有原因的……

青华父亲:老师,你就不用替他说好话了。(转脸对着青华)你说,你这么给我找事,我要你有什么用?!

(青华听到这话,头一扭走出了老师的办公室,又委屈又恼怒,眼泪落下,倔强地用手擦去。爸爸看着青华没听自己说完就走了,很生气,跑出去追青华)

青华父亲:老师再见,谢谢您。臭小子,你给我站住!

(老师看到这个情景,摇了摇头,叹息)

第三幕:爱·迷途

(教室里,老师站在讲台上满意地看着学生考试。下课铃声响起)

老师:考试结束,最后一名同学把卷子收上来。

(当同学C收到青华的卷子时,露出了惊愕的表情,然后继续收卷子。老师收完卷子走出了教室)

同学C(大声喊道):给大家爆个料,我班的三好学生向青华,刚刚交的是白卷。是不是上一次回家你爸把你脑子打坏了?哈哈!

(其他同学在下面窃窃私语:什么?白卷?不会吧?)

青华:你胡说!

同学D:胡说?! 上次我在老师办公室门外都听见了,你爸都说不要你了。现在你就是个遗弃儿。

其他同学:不是吧? 他爸真不要他了?

同学C:肯定是,你看他现在学习成绩多差呀!

青华:你再说一遍!(猛得站起来)

同学C:(手指青华)遗弃儿! 我再说一遍,怎么了!

青华:你欠揍。(向同学C脸上打了一拳,同学D来帮忙。同学C和D两人把青华按在地上)

围观同学:快去告诉老师。(一同学跑出)

(青华顺手拉来一把凳子,敲在了同学D的头上,同学D晕倒了。老师冲上来抱住同学D跑出教室,其他学生也都跟着跑出了教室。青华愣在那)

其他同学:还不快给你爸妈打电话!(青华急忙跑下台)

第四幕: 爱·归来

(青华父亲和母亲往家走着)

青华父亲:(恼火)幸亏送到医院及时,不然还不知道怎么收场呢。这在医院里待了三个小时,跟王总约定好的会议也耽误了。

青华母亲:华华最近也不知是怎么了,成绩也下降了,还跟同学打起架来了。

青华父亲:(看了青华母亲一眼)还不是你惯的!

(青华不安地在家里等。坐在沙发上,双手紧握,咬着嘴唇。父母开门)

青华:(看着门口,站起来,小声)爸……

青华父亲:(把包摔在地上,挽起袖子)这个小兔崽子,我今天非打死你不可。

青华母亲:(拉着青华父亲)干什么又要打孩子。

青华父亲:(愤怒地把青华母亲的手推开)你别管。

(青华往母亲身后躲)

青亲母亲:(伸出双手护着青华)起码先问问是什么原因。

青亲父亲:什么原因,哪有那么多的原因。你总是护着他,你看看他现在成什么样子了,作业不写,上学迟到,考试还交白卷。你就拦着吧,慈母多败儿,青华早晚让你惯成流氓!(青华母亲听了青华父亲的话,也觉得儿子确实有点不像话了,护着青华的双手慢慢放下)

青华:(委屈,极小声)我不是流氓。

青华父亲:你说什么?(冲过去打青华)我辛辛苦苦把你养这么大,你怎么变得像流氓一样。

青华:(一边躲一边说)我不是流氓,我不是流氓!(声音一次比一次大)

青华父亲:(手指青华)你怎么不是,你就是!

青华:(血气上涌,大喊)我不是!!!

青华母亲:(试图拉着青华)华华……

青华:要么就是几天见不到人,见了我就知道打我。(转向妈妈)还有你,每天都在外面,别的同学都有爸爸妈妈陪,你们什么时候陪过我?! 我有爸爸妈妈跟没有有什么两样。我……(青华母亲上去给了青华一巴掌)

青华:我就是没人要的孩子。(青华捂着脸跑出家门)

(青华母亲泪如雨下,身体往下瘫,青华父亲上前扶着青华母亲)

青华母亲:扶我干吗,还不快去追孩子。

青华父亲:唉!

(青华在外面不知闲逛了多久,天色越来越晚,也越来越冷。青华又冷又饿,站在一家馄饨摊前,摸摸兜里又没有钱,只能眼巴巴地站在那)

老板:来一碗吧!

青华:我没钱。(低头)

老板:没事,一碗馄饨还能不让你吃呀。(边说边盛馄饨)来,孩子,快坐下吃吧。

青华:(坐下)谢谢叔叔。(狼吞虎咽吃起来)

（老板挨着青华坐下，跟青华聊了起来）

老板：多大了？

青华：11岁了。

老板：呦，跟我家闺女差不多大呢。都这么晚了，还不回家，你爸妈不着急呀？

青华：他们？他们不要我了。

老板：（看着青华）吵架了？

青华：（点头）他们每天都在外面忙，都没有时间陪我。同学们都笑我是没人要的孩子。

老板：傻孩子，这全天下啊，哪有不爱自己孩子的父母啊。他们在外面辛苦工作，为的就是能够给你提供好的物质生活，希望你多读点书，将来能过得好点。

青华：可是，他们从来就没说过爱我，也没有抱过我。（放下碗）

老板：真是搞不懂现在的孩子都是怎么想的。不说爱你就不爱你了？那这么些年，你是怎么长大的？谁给你洗衣？谁给你做饭？我虽然没上过学，没文化，也不会跟我闺女说多爱她。但是呀，我每天在外面挣钱，可都是为了她。多挣点钱，给她买衣服，让她好好学习，长大有出息。你是学生，有知识，肯定比我这粗老汉懂得多。自己在心里想想吧。（起身开始收摊）

青华：（低头想了一会）是啊，是爸爸妈妈把我养大，他们不忙的时候也会带我去公园，去放风筝。我不敢过独木桥，是爸爸用他的大手拉着我；我生病的时候，是妈妈喂我吃药，坐在我床边陪我。（哽咽）为了我，妈妈的手粗糙了，爸爸的头发白了，可是我，可是我还……

老板：（走到青华身边）别哭了孩子，快回家吧。

青华：回家？我跟爸爸妈妈吵架，话说得那么难听，他们不会原谅我了。

老板：你不试试怎么知道呢？（青华抬头看老板）回去啊，给你爸爸妈妈道个歉，说句“对不起”，要是说不出口啊，给他们写封信也行。一家人，哪有什么“隔夜仇”呢！

青华：(点头)哎。(说完朝家跑去，边跑边喊)叔叔，谢谢你。

老板：(摇头笑笑)现在的孩子呀。

(青华父亲着急地在屋里来回踱步，青华母亲跪在凳子上，扒着窗户向外张望，门铃响了，父母同时扭头向门口看去。凳子一晃，青华母亲一个趔趄差点摔倒)

青华：(冲过去抱住母亲，失声痛哭)妈，对不起。(连说三遍，一次比一次声音大，青华父亲也冲过去把青华母亲和青华搂在怀里)

青华母亲：傻孩子，你去哪了啊？你爸他，滴水未沾，把你可能会去的地方都找遍了，能联系到你的电话都打遍了，你要是再不回来，我们都要崩溃了。

青华：爸……

青华父亲：(给青华擦泪)回来就好，回来就好。饿了吧？我去给你把饭热热。

青华：(望着父亲背影)爸，对不起。

青华父亲：(停了一下)哎。(手擦眼角，走向厨房)

青华：(拉着爸爸)爸爸，你们爱我吗？

青华父亲：(转身抱住青华)傻孩子，爸爸妈妈怎么会不爱你呢？

青华：可是为什么你们总是不在家？

青华母亲：孩子，我们在外面拼命工作，不就是为了能让你过得更好。爸爸妈妈不工作，怎么给你买衣服，怎么让你住大房子？

青华：可是爸爸妈妈，你们知道吗，我可以不要新衣服，我可以不住大房子。我想要的，只是你们能抽时间陪陪我，只是一家人能开开心心地在一起。

(音乐响起，全体谢幕)

【点评】

本剧积极、健康，能较好地表现当前学生的心理状态，具有教育、警示的作用,能够帮助学生形成正确的人生观和世界观。文中的主人公青华是一个品学兼优的好孩子,但父母因为工作,疏忽了和孩子的情感交流,学校发生的一系列事,进一步激化了青华和父母之间的矛盾,而馄饨摊老板,充当了一位很好的心理辅导者,他以身说教,这种方式更有利于学生接受。本剧旨在说明父母与孩子交流的重要性,使学生通过参与演出或者观看,获得深刻的体验和感悟,让学生明白爱是相互的,也使学生从侧面了解父母表达爱的方式是各种各样的。同时,观看演出的老师和家长得到启示:孩子需要关注,感情需要沟通,爱需要表达。希望通过老师和家长的携手努力,共同促进学生形成健康的心理品质,让学生健康快乐地成长。

三、爱,让我们改变

【剧情简介】

上小学六年级的刘强,由于父母工作忙,平时没有时间管教他,作业不按时完成、学习成绩差,与同学的关系也不太融洽,做什么事都很懒散。但刘强与老师交流后,一切都发生了微妙的变化……

【人物简介】

主要演员:刘强,班长,陈老师,刘强母亲。

配角:刘强班里的同学若干。

【剧本】

旁白:刘强在学校上课不认真听讲,不回答问题,也不交作业,老师们都不太喜欢他,经常批评他,同学们也不愿意和他一起玩儿。放学后刘强自己晃晃悠悠地回家。

第一幕

(刘强放学回家,叫了两声"爸,妈",没有人回应)

刘强:唉,我爸是个包工头,在外地包了个工程,一个月才回来一两天,平时根本连人影都看不到。我妈呢,天天不是工作应酬,就是出去逛街买东西,一闲下来就对我说——你要好好学习呀,认真做作业!其实他们根本不关心我的感受。哼,他们越是这样,我就越不想学习,觉得学习真没意思,还不如上网玩游戏快乐!

刘强母亲:(母亲挎着包无精打采推门进来,一见刘强在玩电脑,生气地吼)你又在玩电脑,怎么不看书、写作业呢?太不像话了!看看你的成绩,才考这么点分,我的脸都给你丢尽了。看我怎么收拾你!(母亲示意要打刘强的样子)

刘强(气愤地说):哼,谁家妈妈像你一样天天出去吃饭应酬,把我一个人留在家里,你平时不管我,我考成这样已经不错了,还埋怨什么!

刘强母亲:还敢犟嘴!(拧了他的脸一下)

刘强:(生气地吼)你……你真的打我,我恨你!

刘强母亲:(瞪圆眼睛指着门)滚,你给我滚!

刘强:这可是你说的,我才不稀罕这个家!

第二幕

(第二天,刘强背着书包懒洋洋地走进教室)

班长:怎么了刘强,脸色这么差,昨晚没睡好?

刘强:是啊,昨天被妈妈打了一顿,在外面睡了一宿。

班长:你怎么可以这样呢?即便是跟父母闹别扭,也不能在外面过夜呀,他们该多担心呀!

陈老师:(走进教室)上课。

班长:起立。

陈老师:同学们好!

同学们:老师好!

陈老师:请坐。

陈老师:同学们《匆匆》散文的作者是谁?刘强,你来回答。

刘强(挠着头):我……我……我不知道。

陈老师:你下课去我办公室一趟。

刘强(低着头):老师。

陈老师:别紧张,老师叫你来,不是要批评你,是发现你最近上课的状态不太好,学习成绩也下降了很多,是不是家里有什么事呀,跟老师说说。

刘强:(很小声地)我妈妈不管我,经常出去应酬吃饭、谈生意,昨晚我跟我妈还吵了一架。

陈老师:刘强,你要明白不管哪个父母,无论采取什么方式,最终目的都是为了你们好,你要学会理解!(刘强点头)

陈老师:对了,刘强,最近天气越来越冷,你也没戴围巾,老师就给你织了一条,来,戴上试试暖和吗?

刘强:(激动得站起来)真的吗,真的是送给我的?

陈老师:(帮刘强戴上)当然是送给你的,瞧,多漂亮!

刘强:(低头)自从妈妈出去工作,唉,有好长时间都没人这么关心我了,谢谢老师!

陈老师:刘强,老师送你一条围巾你很感动,朋友安慰你一句话你也很在乎,但你想过吗,你妈妈十几年来对你的关心,对你的照顾你难道都不记得,也不在乎了吗?

刘强:老师,我……(老师拿教案退场,刘强慢慢走,若有所思,班长从后面跑过来追上,拉住刘强)

班长:刘强,老师没批评你吧?

刘强:没有,就是找我谈谈心。

班长:那就好。你这条围巾……

刘强:是陈老师送给我的。

班长:你看有这么多人关心你,你应该高兴才是,别去想那些不开心的事了。

刘强:你不是我,你不明白我的感受。我有时觉得自己都喘不过气来了,现在妈妈忙,没时间顾上我了,学习不管我,衣服也不给我买新的,连吃饭也是给我一星期的钱让我到外面买着吃! 你看我现在就像个流浪汉。

班长:你怎么会这么想呢,每个父母都爱自己的孩子,你和妈妈多沟通,他们平时工作忙也是为了让我们的生活过得更好些。你看我妈妈也很忙,但我为了不让妈妈在工作之余还为我的学习操心,放学回家我第一件事就是写作业,这样妈妈就是忙也不会分心了。

刘强:(点点头,若有所思)你和陈老师说得一样,让我好好想想。

第三幕

(刘强母亲上场,到学校找老师)

刘强母亲(很着急):您好,陈老师,我是刘强的母亲,我想问刘强今天来上课了吗,昨晚我找了他一夜。

陈老师:哦,您好!家长,别着急,坐下说话,孩子来学校了。(母亲坐下,陈老师倒水)您喝水。我正想找您聊聊刘强的情况,孩子最近的状态很不好。

刘强母亲:(埋怨)我知道,刘强的学习成绩很差,而且总是不写作业,这都是上网玩游戏给害的。我天天在外面工作也不容易,有时晚上为了谈成一笔生意回家很晚,为的不就是能让他过上好日子吗?这孩子一点都不懂事也不理解我,和我犟嘴还离家出走。(站起来,悔恨地)当然我的脾气也不好,昨天把他打走了,我真后悔。陈老师,您帮我想想办法吧!

陈老师:别急,我会帮您劝刘强,不过您这种教育孩子的方式我不太赞同,现在的孩子内心很脆弱,您不能总是用这种简单粗暴的教育方式来教育他,您要多和刘强沟通,去了解他心中真正的想法。

刘强母亲:陈老师,那我现在该怎么办呢?

陈老师:你们的关系弄成这样,是您对他的关心不够啊。

刘强母亲:我很关心他啊,只要他好好学习,平时他要什么我都给他买。

陈老师:您想想,孩子需要的仅仅是物质方面的东西吗?他更需要的是家的温暖,父母的理解和关怀。

刘强母亲:谢谢陈老师,我现在就去找刘强。

(找到刘强)刘强母亲:孩子,为什么不想回家呀?

刘强：平时我犯错了，你不是打我就是骂我，从来不跟我沟通，其实我也需要安慰和理解……需要你给我一个灿烂的微笑！

刘强母亲：就这么简单？我一直以为我做什么事都是为你好，忙工作就是为了多赚些钱让你的生活过得好一些，但现在才知道，我真的太不理解你内心真正的想法。我不是一个好母亲，可我愿意改，孩子，原谅我好吗？是你们老师教会了我如何关爱你，我不该骂你，更不该打你。只要你愿意，我愿意做你的知心朋友。（流着眼泪抱着刘强）

刘强：以前，我认为你对我毫不关心，却不知道你的一片苦心。原来你一直在关心我。而我却那么任性，一次次顶撞你，从现在开始，我要做一个乖儿子，好好学习，不让你再为我操心。妈妈，我错了，我跟你回家……

陈老师：刘强，你有一个好妈妈，有关心你的同学，快点进教室吧，同学们都在等你呢。

刘强母亲（和陈老师握手）：陈老师，真的感谢您啊，我现在才真正了解到孩子在想什么。

陈老师：不客气，在孩子的成长过程中，还会遇到很多烦恼，甚至是生活中的挫折，在他无助的时候，要让他感受到家的温暖，在他失落的时候，要让他感受到爱的力量，做家长的要永远给孩子送去心灵的阳光，做他坚实的后盾。（母亲点头）你看刘强和同学们在一起多开心啊……

第四幕

旁白：刘强发生了改变，变得爱学习、活泼开朗，老师和同学都很喜欢他……

陈老师：同学们，在平时的生活和学习中，我们要学会理解他人，关爱他人。这样我们的生活才会充满阳光和欢笑。

（放音乐，全体演员谢幕）

【点评】

剧中刘强身上呈现的问题，是目前中小学生中存在的比较集中的认知偏差。父母忙于挣钱，忽略了孩子的成长和需要，在长时间缺失爱的情况下，孩子开始出现行为问题。由此可见，剧本的创作离不开生活，也只有来自生活的艺术才能感染观众。

在开始表演时，剧中熟悉的情节吸引着学生一步一步共同找到解决问题的方法。在讨论分享的过程中让更多的学生及相关人员参与进去。第一，注重发挥参与选题和表演学生的作用，因为他们对有关问题的体验和感悟更深，他们的意见会有一定的引领作用。第二，充分发挥心理辅导教师和班主任的作用。学生在讨论应对方式的时候，有时候会偏重于消极应对，这时教师借势引导他们转向积极的应对方式，这个心理剧中的陈老师就起到了这样的作用。第三，在学生发表议论时，心理辅导教师更多的是去引导他们谈自身的体验与看法，让学生再把自己当成一个旁观者去评论剧中的人物与行为，引导他们谈自己经历的相关事件，在真实的事件体验的基础上分析应该如何解决同类问题，体现了专业的助人及自助方式。

四、让爱住我家

【剧情简介】

剧本主要讲的是一个内心孤独的孩子吴依琛，她从书中发现角色互换可以增进亲子感情，于是便和爸爸、妈妈、妹妹开始进行角色互换。在角色互换中爸爸妈妈不停地给吴依琛制造麻烦，妹妹也体会到了爸爸工作的不容易。在这次体验中吴依琛和妹妹也终于明白了爸爸妈妈的辛苦，爸爸妈妈的无奈和爸爸妈妈对他们的关心、爱护。

【人物简介】

吴依琛、杨卓伊（吴依琛的好朋友）、杨卓伊妈妈（简称杨妈妈）、吴依琛（简称吴妈妈）、吴依琛爸爸（简称吴爸爸）、吴依琛妹妹（简称妹妹）。

【剧本】

（舞蹈《我是一只小小鸟》开场）

旁白：吴依琛是一个内心孤独的孩子，她常常抱怨父母没有时间陪她。

她在学校只有几个知心朋友。

（吴依琛和杨卓伊背着书包上场，一边走一边兴致勃勃地讨论）

杨卓伊：你知道吗，《意林小小姐》都出第25卷了！

吴依琛：是吗？

杨妈妈（上场挥着手）：嘿！宝贝儿！

杨卓伊（转过头，边跑边喊）：嘿！妈妈！（拉着杨妈妈的手，扭头对吴依琛说）我妈妈来了。（幸福地叫了一声）妈妈！

吴依琛（失落地说）：阿姨，您又来接杨卓伊了！

杨妈妈（笑笑）：是啊，我平日里工作再忙也要抽出时间来陪陪她。

吴依琛（笑脸，拍着杨卓伊的肩说）：你可真幸福！再见！

杨卓伊，杨妈妈：拜拜！

杨妈妈：今天妈妈请你吃大餐吧！

杨卓伊：好呀，我最爱妈妈了！（两人下场）

吴依琛（踮着脚尖，望着杨妈妈、杨卓伊下场的地方痴痴地、失落地说）：我可真羡慕他们啊！（踢着石子回家）

吴依琛（回到家）：爸爸！妈妈！妹妹！（生气地把门摔上）又不在家！（扔下书包，坐在沙发上，拿起遥控器）看会儿电视吧！（调台，最后把遥控器往地上一摔）这都什么破节目啊！还不如看书呢！

吴依琛（坐在凳子上，拿起书，翻了几页，站起来，情不自禁地念出声）：角色互换，利于增进亲子感情？对呀！我们家可不可以来一次角色互换呢？

（吴爸爸、吴妈妈、妹妹上场，门铃响起，吴依琛合上书）

吴依琛：来了来了！（打开门）爸爸，妈妈，我们来一次角色互换吧！人家书上说了，角色互换有利于增进亲子感情，我们来一次吧！

吴爸爸，吴妈妈，妹妹（面面相觑）：角色互换？

吴妈妈（微笑）：好呀！

吴依琛（惊喜地拉着妈妈的手）：真的？那我跟你换吧！

吴妈妈：好呀！

妹妹(拍着吴爸爸):那我和爸爸换!

吴依琛:那我们现在就开始吧。

妹妹:我们先去准备一下吧!(下场)

吴爸爸(说唱):角色互换?行!我最近还烦着呢!最近比较烦,比较烦,比较烦,总觉得钞票一天比一天难赚!我看那前方怎么也看不到边。天天工作忙死了!今天可算提前下班了!女儿说角色互换,正好可以放松放松!

吴妈妈(走着猫步上台):女儿不知妈妈苦,今日妈妈变女儿,可得让她尝尝苦!

(夜晚到家,角色互换已经开始)

吴妈妈(扔书包,躺在沙发上,跷二郎腿,眯着眼睛):累死我了,妈!给我倒杯水!今天老师拖了好久好久才下课!(跳上沙发)真累!

吴爸爸(蹬了蹬茶几,把脚架上,学着吴妈妈的样子躺在沙发上,吵着嚷着):我也累,我也要喝水!妈,给我倒杯水!

吴依琛(带着新鲜劲儿说):好!我给你们倒水!

吴依琛(把水放到茶几上):我去做饭了,你们好好玩!(哼着小曲儿,蹦蹦跳跳地走进了厨房)

吴妈妈:我要看电视!

吴爸爸(跳下沙发):我也看!我比你快!(赶快拿走遥控器)哈哈,动画片,我来啦!

吴妈妈(一仰头,一翻白眼):哼,谁跟你比!我要看连续剧!(于是两人开始抢遥控器,不停喊着“我看,我看”互不相让,吴妈妈抢过遥控器,吴爸爸因为惯性往后一仰,右手一挥,把水杯碰倒在地,水洒了一地,地上一片狼藉)

吴依琛(闻声从厨房赶来,看到后,一跺脚,双手叉腰,火冒三丈地喊):怎么回事?哎呀!你们两个捣蛋鬼!多大了还抢遥控器!

吴妈妈:你们平时就是这样的!

吴爸爸(附和):就是!(吴依琛叹了口气,收拾残局)

吴妈妈:我们女儿可算懂事了一回!(把吴爸爸拉到一边,低语)要不我们继续捣乱?(跑到吴依琛拖干净的地上开始手舞足蹈)

吴依琛(彻底爆发,把拖把往地上一扔,气急败坏地喊):我的两个小祖宗!安静一会儿!(吴爸爸做着鬼脸,吴依琛甩着头)爸!你别这样,要不,我不干了!

吴妈妈:不行!要把角色互换进行到底!

吴爸爸:对!

吴依琛(抓起扫把):你个调皮鬼!

妹妹(电话铃响起,妹妹看了看屏幕,接通了电话):喂,您好!

电话里传出声音:给我调查一下你那有几家酒店,还有,在哪开酒店比较合适?后天我要结果!

妹妹(信心十足地答道):好!没问题!

(电话铃又响起)

妹妹(站起来,不耐烦地答道):喂,您好。

电话里传出声音:把昨天的会议记录整理一下,明天上午之前发给我。

妹妹:哦,知道了。

(电话铃又响起)

妹妹(气急败坏地把书往地上一扔):又来电话了!

电话里出来严肃厉害的声音:我昨天让你做的文件你做成什么样子了?!再给我做一份,明天交给我!

妹妹(急得直跺脚):对不起老版,我一定重做一份,明天一定重新交给您!(叹了口气,坐在板凳上)

吴依琛(捶着背上台):爸爸妈妈今天可真能折腾!累死我了!

吴妈妈,吴爸爸(做着游戏上台):两只小蜜蜂啊,飞在花丛中啊,左飞飞,右飞飞,飞呀,啪啪,飞呀,啪啪!

妹妹(不耐烦地出来):吵啥嘞!吵啥嘞!俺嘞饭嘞?饿死俺嘞!(河南话)

吴依琛(一拍脑门):哎呀!我的饭!(慌慌张张跑去厨房,垂头丧气地走出来,叹了口气)唉,看来我们只能出去吃了。(对妹妹说)你快去拿钱。

妹妹(愣在原地):啊?钱?哪来的钱?我又没去工作,哪里拿钱来请你们吃饭呢?

吴妈妈(笑了笑,意味深长地说):你们现在知道父母的难处了吧?我们是很爱你的,只是平时太忙,对不起。孩子们,当我们看见别人一家三口幸福地在一起玩耍时,我们心里也很难受呀!可是,如果我们不出去打拼,又哪来你们今天的幸福生活呢?

吴依琛,妹妹(异口同声地说):爸爸妈妈,对不起!(一家四口幸福地拥抱在了一起)

(结尾:舞蹈《让爱住我家》)

【点评】

剧本的选题,贴近生活实际。剧中的细节抓得特别好,如孩子的孤独,孩子体会不到父母辛苦的心情被演绎得淋漓尽致,为接下来的剧情做了很好的铺垫。父母和孩子互换角色后,父母为让孩子体会他们的辛苦,也是花费了心思,而且父母处处模仿孩子平时的表现,让孩子体会到父母原来真的很爱他们,否则不会模仿得那么像。剧情比较紧凑,衔接自然,自然而然地过渡到妈妈说的话"我们是很爱你们的,只是平时太忙,对不起"将这个剧情推向高潮,同时也升华了主题:《让爱住我家》。最后的歌舞《让爱住我家》将观众的情感再次推向高潮。

五、冬日里的暖阳

【剧情简介】

本剧主人公赛小雨父母离异,母亲离开后,父亲变得沉默寡言、整日酗酒,对小雨学习、生活不管不问,家庭的变故使小雨变得自卑、孤独,学习成绩也急剧下降,因而受到同学的欺负、嘲笑和孤立。经过班主任李老师对同学们的批评教育及正面引导后,同学们深刻认识到自己所犯的错误及对小雨的心理造成的伤害,纷纷向小雨道歉最后取得小雨的原谅。在老师和同学们的关怀下，小雨再次感受到了集体的温暖。

【人物介绍】

赛小雨：女，性格内向，内心脆弱的女生。

小雨父亲：男，简单粗暴的单身父亲。

李老师：女，善良、充满爱心的班主任老师。

杏子：女，小雨的好朋友，热情助人。

琳琳：女，穿着漂亮时髦，爱美。

其他同学：班长、媛媛、小敏、淘淘、家兴、乐乐、鹏鹏、京京、雨馨。

【剧本】

第一幕（时间：放学后，地点：小雨家里）

旁白：故事的主人公叫赛小雨。半年前，小雨的父母离婚了，母亲离开后，再也没有回来过，小雨感到无比孤独与绝望，加上父亲整日借酒消愁，对小雨的学习与生活不管不问，父女俩的感情日渐疏远，致使小雨的学习成绩每况愈下。

（小雨放学回家）

小雨：（开门）爸，我回来了。

父亲：（怒视小雨，把酒瓶重重摔在桌上）你还有脸回来呀！你太让我失望了，今天去开家长会，我的脸都让你给丢尽了。

小雨：我又怎么了？

父亲：（边拍桌子边拿出成绩单）你自己看看，科科考试都不及格，你怎么对得起我？

小雨：你真正关心过我吗？我考成这样，都是你的错！

（父亲给了她一巴掌）

小雨：（手摸脸，后退）你竟然打我！妈妈从来都没打过我，你不配当我爸爸，我恨你！我恨你！（小雨跑进了自己的房间，走到妈妈的照片前，拿起照片，用手擦拭灰尘）

小雨:(难过地对着照片)妈,你怎么这样狠心,你不爱我了吗？丢下我也不管,我真的好想你!

小雨:(转过来对着观众)自从妈妈离开家,爸爸整天喝酒,动不动就发脾气,总是对我说要学习呀,做作业呀!只希望我学习好,根本不关心我的感受。他越是这样唠叨,我越是不想学习!

第二幕 (地点:教室)

(在欢快的乐曲声中,同学们背着书包陆续进教室)

琳琳:(背着书包,穿着漂亮的新衣服高兴地走进教室,放下书包后,喜滋滋地向其他同学说)同学们,吃糖喽!(然后从书包里拿出一包糖)

雨馨:琳琳,今天你怎么这么高兴,还请我们吃糖？

琳琳:今天我过生日,甜蜜共享嘛!

淘淘:生日快乐!琳琳。

(唯有小雨安静地坐在座位上,其他同学向琳琳围过去)

媛媛:你今天穿的新衣服真漂亮,哪儿买的？

琳琳:(自豪地)我妈去上海时给我买的,一千多块钱呢!

杏子:这么贵啊？

雨馨:你妈妈对你可真好!我妈都不舍得给我买这么贵的礼物!

琳琳:(眉飞色舞地)这算什么呀？我妈妈送我的芭比娃娃才好呢!盒子里有好几套新衣服,好几种鞋,那娃娃又会唱歌,又会跳舞。

乐乐:(羡慕地)你真幸福啊!今天就过生日了,我还要等一个月呢,爸爸答应给我买遥控赛车,我都等不及了。

小敏:(争先恐后地)我还有一个星期过生日,妈妈答应带我去爬山。

京京:我刚过完生日,哪天去我家让你们见识一下我妈妈给我买的旱冰鞋。

琳琳:(忽然想起什么,回头问小雨)哎!小雨,我记得我们是同一天过生日,你妈妈给你买什么了？(小雨摇摇头,趴在桌子上)

媛媛:唉,对了,好长时间没见过小雨妈妈来过学校了,你妈去哪儿了？

家兴:你妈不管你了吧,看你衣服脏的。

淘淘:你今天过生日,头发还这么乱。

京京:(嬉笑)过春节都没回来,不会是不要你了吧?

小敏:(嘲笑)你们不知道啊,她爸妈离婚了,她妈妈肯定不要她了!

小雨:(抬起头)不会的。(趴在桌上,哭了)

杏子:(呵斥道)小敏,别瞎说。

鹏鹏:本来就是嘛,谁见过她妈来学校看过她呀?没人要的孩子。

(小雨哭声更大了,哭着跑出了教室)

杏子:鹏鹏,我去告诉老师,你把小雨气跑了。

(全体下场)

第三幕(地点:大街上)

(外面呼呼地刮着大风,小雨孤独地在大街上流浪……此时,《世上只有妈妈好》的音乐响起,小雨流着泪蜷缩在大街上的角落里失声痛哭)

小雨:妈妈,你在哪儿?你怎么丢下我一个人,我好想你呀!现在爸爸已经知道自己错了,每天忙碌到很晚才回来,每天晚上家里只有我一个人,我好害怕!你快回来吧,我以后也会好好学习,不惹你生气,听你的话,你叫我做什么都行!妈妈,冬天来了,我好冷啊!你回来呀,快回来吧!(小雨伤心地哭喊着)呜呜呜……妈妈,你快回来啊!我好想你!

第四幕(地点:教室)

旁白:经过李老师对大家进行批评教育后,同学们已经认识到自己所犯的错误……

(李老师带着小雨一起走进教室。同学们纷纷围过来)

小敏:对不起,小雨,我也不该嘲笑你,是我错了。

家兴:对不起,小雨,我们不该伤你的心。

京京:是啊,小雨,我们大家不应该那样对你,请你原谅我们吧。

琳琳:小雨,这是我送你的生日礼物。

杏子:小雨,这个布娃娃送给你,你不开心时就和她说说话吧。

（其他同学一起上来道歉）

李老师：（走过来）小雨，生日快乐！这是老师送给你的生日礼物（一件毛衣），天冷了，穿上它吧！这是大家给你准备的生日蛋糕。（全班同学齐声祝小雨，生日快乐！放生日歌，大家齐声唱）

杏子：我建议，大家一起为小雨跳支舞，庆祝小雨的生日吧。（放《兔子舞》歌曲，随着音乐声下场）

媛媛：我们不能笑话家境不好的同学。

杏子：同学之间要团结友爱。

乐乐：每个人身上都有优点和不足，我们不能瞧不起别人。

琳琳：每个人都是娇嫩的花朵，我们不能去伤害她。

淘淘：当别人需要帮助时，我们应该伸出援助之手。

班长：我们应该关爱身边的每一个同学，让他们感受到集体的温暖。

爸爸：不管我们遇到什么事情，我们都应该坚强。

李老师：学校是一个大家庭，我们要相亲相爱，因为我们是一家人！

（放歌曲《相亲相爱一家人》，全体演员谢幕）

【点评】

家庭的不和谐难免会影响到孩子，离异家庭的孩子因为爱的缺失或多或少都会出现一些心理不健康的问题，如自卑、孤僻、怨恨、内心脆弱等，由此导致对生活不积极、心态不阳光、学习成绩下滑等现象。这些同学在家中不被重视，在学校受到同学嘲笑、排挤、欺负等，这种环境下成长的孩子心理怎么会健康呢？

每一个孩子都是一株娇嫩的花朵，需要每个人用心呵护。剧中的小雨同学却因家庭的变故心灵受到伤害。小演员细腻地刻画出了人物的性格特点、情绪变化、心理活动。动情的表演牢牢揪着观众的心，使观众和她一起难过、一起心碎、一起快乐、一起感受温暖。小小年纪却能准确把握剧中人物的心理，随剧情变化表演也随之变化！剧中的每一个小演员对饰演的角色把握有度，每一个角色都是不可或缺的，对剧情的发展起到了很好的推动作用。

六、成长路上

【剧情简介】

小学生聪聪的妈妈望子成龙的心太急，总是让聪聪写各种课外作业，一心想让聪聪考第一，而从来没有体会聪聪的感受。一天李老师告诉聪聪妈妈，聪聪在学校表现得并不好，成绩也下降了，聪聪妈妈决定好好找找原因，并改变自己的教育方式。聪聪妈妈参加了学校的智慧家长课程，在课堂上众多家长探讨了身边人的幸福情况，发现幸福的人不一定是高学历的。最后聪聪妈妈决定改变教育方式，一定要让孩子用心学习，快乐玩耍，幸福成长。

【人物简介】

聪聪：三年级的小学生。

聪聪妈妈：望子成龙心切。

李老师：聪聪班主任，心理健康辅导教师。

聪聪小伙伴：三年级学生。

学生家长若干。

【剧本】

第一幕：亲子冲突

（时间：星期天，地点：学生聪聪家旁边，人物：小学生聪聪、聪聪妈妈、小伙伴和家长们）

（聪聪和小伙伴们在玩捉迷藏）

聪聪妈妈：（买菜回来的路上）这小孩要成长，那还是得培养。只要功夫深，铁杵磨成针。我的想法就是学校和家庭教育要双管齐下，功课才艺两手抓，我就不信培养不出能考上名牌大学的小孩。（边找边喊）聪聪！哎，这孩子，跑哪去了，聪聪！

聪聪:哎,我在这呢!妈妈,今天是星期天,我想和小伙伴们玩一会。

聪聪妈妈:这怎么行呢?今天的事可多了,这八点练书法,九点听英语,十点弹钢琴,十一点学奥数……

聪聪:哎呀,妈妈,你就让我玩一会嘛。

小伙伴:阿姨,阿姨,你就让聪聪玩一会嘛。

聪聪妈妈:(严厉地把聪聪拉到一边)不行,整天就知道玩儿。

聪聪,小伙伴:妈妈(阿姨)你就让我(聪聪)玩一会嘛。

聪聪妈妈:赶紧去学习。

聪聪:(无可奈何地)知道了,妈妈。(到书桌旁做功课)

聪聪妈妈:哎哟,瞧我们家宝贝,多听话呀!好好学习啊,妈妈这就给你做好吃的去。哈哈哈哈哈。

聪聪:吃吃吃,整天除了学就是吃,都快吃成小猪啦。除了吃饭,就是学习,崩溃崩溃;这样的话并不好,崩溃崩溃;没有自由,没有空间,崩溃崩溃;我的烦恼,谁能知道,崩溃崩溃。(数来宝)

聪聪:(疲惫地)妈妈,我累!

聪聪妈妈:哎哟,宝贝,你可一定要挺住!妈妈这就给你补充营养。加油,你最棒!加油,你最棒!

第二幕:学习改变

(这时聪聪妈妈的电话响了)

聪聪妈妈:(接电话)喂,是李老师啊,呵呵,您好您好!什么?聪聪上课老打瞌睡,这学习成绩也下滑了。这怎么可能呢?好,好,我一定好好找找原因。聪聪!

聪聪:(小心翼翼地)妈……妈,什……么事?

聪聪妈妈:你上课怎么老打瞌睡,这成绩,它怎么能下滑呢?说!

聪聪:我……我不知道。

聪聪妈妈:这可怎么办呢?其实看到孩子马不停蹄地写完这个,又写那个作业,我也很心疼呀,可是别人家的孩子都在比着学特长,要是我们家聪聪什么都不学，长大后更是什么都不会，什么都比人家落后呀！我除了照顾孩子的生活起居，还要操心各种课程的上课时间，带着聪聪风里来，雨里去，我也很累呀，可是，付出了这么多，聪聪怎么成绩还下降了呢？我要和老师好好沟通沟通。

旁白：聪聪的妈妈向老师了解了聪聪在学校的情况，倾诉自己的焦虑和担忧。老师为了帮助聪聪和聪聪的妈妈，邀请聪聪妈妈和其他家长一起参加学校开展的智慧家长课程的学习。

老师：上节课我们讨论了鼓励和表扬的作用，现在大家都希望孩子成才，生活快乐幸福，今天，我们来讨论幸福的话题。家长们分成三组，每个小组都有一张填写单，填写单上的内容有学历、收入、幸福指数。请各位家长根据身边朋友的真实情况，填写内容。请第一组家长想想你们最羡慕的人，可以是名人、朋友或者是同事，然后标明学历、收入和幸福指数。请第二组家长想想你们认为过得不幸福的人，可以是名人、朋友或者是同事，然后标明学历、收入和幸福指数。请第三组家长想想你们认为有没有这样的人，他们看起来过得非常令人羡慕，但实际上过得却很糟糕，可以是名人、朋友或者是同事，然后标明学历、收入和幸福指数。（家长填写完，教师收上来）这是大家自己身边朋友的真实情况，这位朋友学历三颗星，工作两颗星，薪酬两颗星，大家猜猜他的幸福指数是几颗星呢？哇，四颗星呀！聪聪妈妈，从这个调查中，你有什么想法吗？

聪聪妈妈：我以前总是以为孩子拼命学习，只要学习好，成绩好，以后生活就会很幸福。通过这节课，我看到了身边幸福的人不一定都是高学历的。

老师：聪聪妈妈感悟很深。其实，我们家长需要学会科学地养育孩子，学会倾听孩子的心声。

第三幕：成长路上幸福多

聪聪：亲爱的妈妈，我多想和您说说心里话呀。妈妈，看到您每天为我操心，为这个家忙碌、奔波，我也很心疼您呀！可是妈妈我需要学习，也需要快乐！我会用心学习的，我也会快乐玩耍的！

聪聪妈妈：聪聪，是妈妈不好，妈妈只想让你成才，却忽略了你的感受，是妈妈错了！

聪聪：妈妈！

聪聪妈妈：宝贝儿！（拥抱）今天是星期天，妈妈带你和小伙伴们去郊游，让你们好好放松放松！

小伙伴们：（高兴地）耶！太好了！太好了！去郊游喽！（玩游戏）

全体演员：（边唱边舞）小鸟在前面带路，风儿吹向我们。我们像春天一样，来到花园里，来到草地上。鲜艳的红领巾，美丽的衣裳，像许多花儿在开放。（落幕）

【点评】

校园心理剧将人们内心的情感无限放大然后演绎给别人看。这个剧本所反映的是社会上普遍存在的一种现象。面对各种各样的课程，家长和孩子身处其中，无奈、焦虑导致了亲子冲突，相信有的家庭已经或者正在经历这样的事情。学校通过智慧家长的课程引导家长正确地看待孩子的成长过程，减少家长的焦虑。这个剧中，同学们倾尽所能，将自己所饰演的角色，绘声绘色地表现出来，使观众身临其境，深切地感受到了剧中的母子情和同学情。

七、阳光小屋

【剧情简介】

一个叫梅梅的小女孩，在一次逃课的过程中，发现学校五楼有一个神奇的屋子——阳光小屋。这是学校的心理咨询室，每一个走进这间屋子的人，不论多么糟糕的心情，出来后都像换了一个人似的。梅梅心情不快乐，她不愿意回家，不想跟任何人说话，她也想走进这间神奇的屋子，就联系了阳光小屋的老师，做了一次心灵的“阳光SPA”，重新找到了快乐。

【人物简介】

梅梅:剧中的主人公,一个小学中年级的孩子,因为爸爸妈妈总是吵架,她都不敢回家,也不愿意回家,性格变得越来越孤僻,在一个偶然的机会里,得到了“阳光小屋”的帮助。

李老师:阳光小屋的心理辅导教师。

梅梅的妈妈:不懂得表达自己。

梅梅的爸爸:不懂得表达自己。

来访者甲:不被信任的班干部。

来访者乙:年轻的女老师,被工作缠身。

梅梅的伙伴若干。

梅梅的班主任张老师。

【剧本】

第一幕:阳光小屋

(所有的参演人员上台,手持向日葵,集中在舞台的左上角,摆成一个“花树”的形状)

(梅梅从花树后面走出来)

伙伴甲:梅梅,我们玩游戏吧?

梅梅:(低头,沮丧地)不去。

伙伴乙:要不,踢毽子去吧?

梅梅:(低头,转身折回来,犹豫而又沮丧地)不去。

伙伴丙:玩彩泥,怎么样?

梅梅:(摇头,背对着观众)不去。

伙伴甲:那你去哪儿呀?

梅梅:(纠结不已,转过身,走到舞台前)我想回家,可是,可是我,我又害怕回家,因为……

第二幕：争吵

(向日葵花树变换造型，所有的人面向舞台右前方，手背在后面，向日葵藏起来)

妈妈：什么？又是喝酒，整天就知道喝酒！这个家你管过一天吗？

爸爸：除了吵架，你还会干些什么！这个家安宁过一天吗？

妈妈：这日子没法过了！

爸爸：不过就不过！

妈妈：不过就离婚！

爸爸：离婚就离婚！

梅梅：(惊恐，担心，害怕，无助地哭喊)爸！妈！(面对观众哭，哭得特别伤心，无助)

(梅梅向前一小步，蹲在路灯下，打开书包，趴在地上写作业)

张老师：梅梅，怎么回事呀！看看你的作业，写得又脏又乱，还写错了这么多题。明天让你的爸爸妈妈来学校一趟。

梅梅：(一下子坐在地上，无助地看着老师，听到要叫家长，更是惊恐，哭腔)不，(使劲摇头)不，(继续摇头)老师，不要啊……

来访者甲：(在梅梅的拒绝声中上台)烦死了，烦死了，谁都不听我的，我不干了！(转身看花树)阳光小屋？(敲门进去，花树同时伴随着旋律舞动，花门打开)谢谢！(鞠躬)李老师再见！(哼着歌从右侧下台，梅梅的目光被他吸引)

来访者乙：(边走边说)一会儿这个事儿，一会儿那个事儿，都没消停过，我已经几个月睡不着觉了！我都快崩溃了！(转身看花树)阳光小屋！(敲门，进去，花树在旋律里舞动，来访者乙出来)李老师的办法可真多，我心里的疙瘩终于解开了，今天我就可以睡个好觉了。(从左侧下台，梅梅的目光再次被吸引)

梅梅：(走到花树前)阳光小屋？我能进去吗？(敲门，试探性敲，进去)

第三幕：阳光小屋里

（花树造型呈弧形，李老师和梅梅在前排）

李老师：梅梅，老师已经知道了你的委屈。今天，我特地把你的爸爸、妈妈和张老师请到了阳光小屋，一起来解决我们遇到的问题。你瞧，这些都是我们的志愿者。（志愿者跟梅梅打招呼）在她们当中，你看谁能来扮演你的爸爸、妈妈，还有你。

梅梅：我先挑爸爸。

（志愿者们把爸爸让出来，志愿者爸爸出来，摸摸梅梅的头）

梅梅：我再来选妈妈。

（志愿者中走出一个人）

志愿者妈妈：我来做你的妈妈好吗？（梅梅点头同意）

梅梅：（走到志愿者梅梅前面，拉起她的手）你来当我吧。

李老师：（拉着梅梅，向舞台左边走）梅梅，当你们家里发生矛盾的时候，你的爸爸是什么样子的？

梅梅：爸爸生气的时候可凶了，嗓门特别大！

（志愿者爸爸气冲冲走到舞台左侧，怒目而指）

李老师：他们吵架的时候，妈妈是什么样子？

梅梅：他们吵架的时候，妈妈刚开始吵得也很厉害。

（志愿者妈妈也是气冲冲走上舞台，叉腰，蛮横地跟志愿者爸爸对抗）

李老师：后来呢？

梅梅：后来，妈妈吵不过爸爸，就开始哭。

（志愿者妈妈转身捂脸，同时，志愿者爸爸也背过身去）

李老师：（搂着梅梅的肩膀）那你呢？

梅梅：我特别害怕。我想让爸爸别吵，可我不敢，我想让妈妈不哭，可妈妈根本不理我，有时还大声凶我，把气儿撒到我身上。

（志愿者梅梅走到爸爸背后，拽拽爸爸的衣服，被爸爸甩开，又走向妈妈，晃晃妈妈的手臂，被妈妈推开，然后蹲下去，双手抱头，爸爸妈妈同时伸

手指责她)

李老师:你的成绩什么时候开始退步的?

梅梅:爸爸妈妈一吵架,我都睡不好。上课就犯困,有时候还发呆,老师就会批评我。

李老师:被批评的时候,你心里是什么感受?

梅梅:我都恨不得找个地缝钻进去。(志愿者梅梅侧过脸,对着舞台左侧)

李老师:张老师知道你家里发生的事情吗?

梅梅:我不敢说,我害怕大家笑话我。

(志愿者梅梅站起来,走到舞台左前方,面对观众,羞愧地低下头)

李老师:(让梅梅和志愿者站在一起)孩子,把你最想对他们说的话说出来。反复说,一遍一遍地说,不要停下来。

梅梅:(所有人看向梅梅)爸,妈,我害怕你们离婚!(说了四遍,蹲下,低头,捂着脸哭)

(李老师蹲下去,把梅梅抱在怀里)

梅梅的妈妈(画外音):(泣不成声)李老师,我只顾自己生气,自己吵个痛快,没想到孩子这么可怜!

梅梅爸爸(画外音):我是该改改我的脾气了,我以后要好好说话。

张老师(画外音):孩子在学习上出了问题,还得在家庭里找原因。如果一开始我能够对梅梅多些关心,做些家访,孩子也不至于背负这么大的压力!

第四幕:蜕变

(音乐响起,花树新造型,李老师和梅梅走在前排)

李老师:梅梅,手里拿的是什么呀?

梅梅:(自豪的表情)获奖证书。

李老师:哇哦,这么多,怪不得老师们都夸你进步特别大!

梅梅:李老师,告诉你一个好消息。我的爸爸再也不喝酒了,上个月,他的业务超额完成了,公司奖励爸爸一个大红包!

李老师:是吗,你妈妈呢?

梅梅:妈妈再也不跟爸爸吵架了,她跟我一起读书,还给我讲故事。我家还评上了“书香家庭”!

李老师:太好了!

梅梅:(深情地)李老师,谢谢您!

李老师:孩子,这一切都得感谢阳光小屋!

全体演员齐声:对,阳光小屋就是我们心里温暖的家!

(全体演员走到舞台上)

(音乐起,进入高潮,全体演员跳舞,回到花树造型)

旁白:每个生命都是一粒种子,离不开家庭这片土地,也离不开学校教育的阳光和雨露。希望心理健康教育的智慧,能滋养到每个人。让每一个孩子健康快乐,让每一个家庭和谐幸福!

【点评】

郑州市教育局心理健康教育学科主任尚新华在看过心理剧《阳光小屋》后,给予了较高的评价。她说,这个剧最难得的是编、演、导皆为原创,精彩纷呈,展示了学校心理团队的努力、付出、成果和喜悦。心理剧在艺术性和专业性上又达到了新的高度,引发思考,触动人心,让人深深感受到心理技术在促进人际关系、家庭教育、教师自我成长、班级管理等方面的功效,《阳光小屋》运用了萨提亚的雕塑技术,直观清晰地再现了学生的问题,在故事的高潮部分,借助主人公的两个“我”的交叠呼唤,特别能打动人心,引起共鸣,发人深思。在基础教育阶段,让孩子在遇到问题后有求助意识,把问题解决在萌芽状态比问题发生了再去解决要有意义得多。

该剧的最大亮点是在后期的改编中,通过艺术的手法,打破了场景切换中道具的影响。既不浪费时间,又不影响演出效果。舞台上,服装的颜色鲜亮,合成音乐也突破了舞台的限制,可以在任何一个舞台上不受限制地演出。

八、亲子沟通有方法

【剧本简介】

本剧根据学生的真实故事改编而成。讲述的是在开完家长会后,两个家庭对孩子的不同态度和教育方法,由此引发的冲突与和解的故事。

【人物简介】

杨春雨:主人公。

小龚:杨春雨的好朋友。

家长:小杨爸爸,小龚爸爸。

【剧本】

第一幕: 家庭的争执

旁白:小杨爸爸去开家长会,小杨在家写作业、看书,爸爸回来了,拿着成绩单强压着怒气,一把推开门,看到孩子并没有在书桌上写作业,却在看课外书。

小杨爸爸:看你的分数,就这样的成绩,还有时间看课外书? 啊?(小杨爸爸拿着成绩单生气地走上台,杨春雨固执地把头扭到一边)

小杨爸爸:拿来!

杨春雨:不给!

小杨爸爸:给我拿来!(一把将书夺了过来)看看好书就算了,还看这破书。(小杨爸爸生气地把书摔在地上)

杨春雨(哭着扑到地上去捡书):谁让你扔我的书呢,这是我最喜欢的书,而且你没有经过我的允许就进入我的房间,还不分青红皂白地指责我,你根本就不配做一个家长!(孩子哭着跑出了家门,家长追)

第二幕: 家庭的温暖

旁白:小龚爸爸去开家长会,小龚在家写完作业,自己动手做小机械。

爸爸回来后先敲敲孩子的房门。

小龚:什么事?(孩子开门)爸?你进来吧。

(爸爸进了房间,把成绩单放在身后)

小龚:(转过身,拿着自己的小发明,兴高采烈)我自己做的,好玩吗?

小龚爸爸:不错,继续加油哦!你的成绩出来了,比上次有进步,不能松懈,继续努力啊!

小龚:嗯,对了,爸爸,电池没电了,你能不能下楼帮我再买一块?

小龚爸爸:没问题。(爽快地答应,出了门)

第三幕:愤怒的家长讨经验

(小杨伤心地往好朋友家跑去,正好碰见出门买电池的小龚爸爸)

小龚爸爸:小杨,怎么了?

小杨:我和我爸爸吵架了。

小龚爸爸:小龚在家呢,去找你好朋友说说吧。(刚送走了小杨,就迎面碰上了气急败坏的小杨爸爸,小龚爸爸赶紧迎了上去,一把拦住小杨爸爸)怎么了,老兄,这么急,少安毋躁,去我家里坐坐吧。

小杨爸爸:(两人一起进了客厅)这个孩子真不让人省心,这不,才说他两句,就跑了,不好好学习,整天只知道看那些乱七八糟的书,这孩子,唉!(小杨爸爸又气又无奈)

小龚爸爸:哦,我还以为是多大的事儿呢,不就是看了点儿课外书吗?我孩儿也看课外书,没事的时候还研究一些小制作,劳逸结合,我觉得这也挺好的。

小杨爸爸:但是,你看看她的成绩,都差成什么样了,我都急死了,你看看她,那么懒散,跟没事人儿一样。

小龚爸爸:老兄,放轻松,放轻松。成绩固然很重要,但孩子也是需要休息的呀,你看,孩子们现在都大了,我们不能只看成绩,也要更多地关注她们的内心需求。

小杨爸爸:是啊,好像也是……这孩子一上初中,就不怎么和我还有她妈妈说话了。

小龚爸爸:她们现在需要更多的空间和理解。而且,不是我说你呀,你的表达方式也需要变一变啊,孩子还没做什么坏事呢,就被你吓跑了!

小杨爸爸:见笑了,见笑了,那么你有什么和孩子沟通的好方法吗?

小龚爸爸:尊重孩子的想法,理解孩子,多与孩子沟通,遇事儿多听孩子的解释,每当想和孩子争吵的时候,心里默数三个数,想着她还是个孩子,我们都是从这个年纪过来的,改变自己说话的方式,心平气和,不要居高临下,做什么事商量着来。

小杨爸爸:真是听君一席话,胜读十年书。打扰你太久了。我也该回去了。谢谢,谢谢。

第四幕: 同学之间倾诉苦衷

(外边下雨了,小杨哭着跑着去找小龚,心想我看课外书有错吗?整天学,整天学,烦不烦,爸爸是我最亲近的人,为什么不理解我呢,看课外书又不是成绩下降的主要原因,说不定还能提高作文水平呢,哼)

小杨:小龚,小龚。

小龚:小杨?(打开房门)

小杨:我和我爸爸吵架了,我想找你聊聊天。

小龚:可以呀,进来吧!(两人一并进了房间)

小杨:我作业写完后,在看课外书。我爸爸回来了,一进门不分青红皂白地就骂我,还把我最心爱的书扔到地上,你说他还是不是我爸爸呀?

小龚:听完你的话,我能理解你。就好像叔叔一点儿都不关心你的感受一样,叔叔的方式是偏激了点儿。他也是心里着急,望女成凤,他还是希望你好的呀!我这儿正好有一把红椅子,你坐在这里,想象着旁边的椅子上就坐着你爸爸,把你想对爸爸说的话说出来吧。

小杨:爸爸,您再关心我,也不能不让我看课外书吧。

小龚:你来坐在这个椅子上,想象你是你的爸爸,听了你的话,你的爸爸有什么感受。

小杨:我不让你看课外书,是害怕影响你的成绩,社会竞争很激烈,现在不努力,你将来连养活自己都困难。

小龚:听了你爸爸的话,你体会一下爸爸的感受。

小杨:爸爸我知道你看到我看课外书很着急,我只是看一小会儿,很快就写作业了,我也会努力学习,你也不要太焦虑了。

小龚:现在你是你的爸爸,听到女儿这么说,有什么感受呢?

小杨:我觉得我的女儿长大了,有自己独立的想法,我应该多聆听她的想法,多理解她。

小杨:天晴了,我现在终于明白爸爸的良苦用心了,原来我这么不懂事,爸爸对不起,我以后一定努力学习,不让您失望。

旁白:父母无私地爱孩子,可有时候爱他们的方式并不被他们理解,学会换位思考,更有助于亲子沟通。

【点评】

该剧题材选自学生真实生活,具有较强的针对性。通过两个家长和两个孩子的对话,将沟通的技巧融入对话之中,运用了独白技术、空椅子技术、角色扮演等心理辅导技术。故事完整,情节曲折,矛盾冲突展现得淋漓尽致。

成长篇

一、情萌小学校园

【剧情简介】

本剧本主要讲述了一名好学上进、成绩优异的女同学王红与一名虚心、勤学好问的男同学李刚之间的故事。他们学习上互相帮助、共同进步，生活上互相关心，可这单纯的同学关系，却被同学们说成了早恋。后在心理辅导教师兼班主任刘老师的帮助和正确引导下，同学们能够正确看待男女生之间的正常交往，并正确对待这份纯真的同学友谊。

【人物简介】

王红：好学上进、成绩优异的女同学。

李刚：勤学好问的男同学。

刘老师：班主任兼心理辅导教师。

小菲，小伟，小华，小芳：对男女生交往甚为敏感。

其他同学若干。

【剧本】

旁白：王红是一名好学上进、成绩优异的女同学，还是一名热心助人、深受同学喜欢的女同学，这段时间一直在帮助勤学好问的男同学李刚解决学习上的困难，可做好事怎么就招来同学们的非议呢？到底发生了什么事？

第一幕（地点：教室）

旁白：课间十分钟，要好的女孩把头凑在一起说悄悄话，要好的男孩三五成群勾肩搭背，说笑打闹。而要好的男孩和女孩呢？他们能否无所顾忌地互述心事，互相帮助呢？

（与王红不是同桌的李刚突然坐到王红旁边，拿着练习册想要与王红共同解决一道数学应用题）

李刚：王红，可以帮我看看这道数学应用题吗？我尝试了好多种方法，但都没有理出头绪。

王红：当然可以呀！让我先看一看。（拿过练习册）

李刚：就是这道题。（用手指着练习册上的一道题）

王红：你忽略了一个隐蔽的条件，你看，这样就解开了。（李刚先是皱眉地演算，接着豁然开朗）

李刚：对啊，我怎么没想到！你真聪明，你简直就是我的“恩人”。王红，你真不愧为我们班的“才女”。

王红：哎呀，没事的，很高兴能帮到你。

旁白：从这件事以后，王红和李刚走得越来越近，关系也越来越融洽。

（一天下午放学）

李刚：王红，今天放学我们一起走吧！

王红：行啊，正好我们一起探讨一下今天所学的知识。

李刚：好的，正合我意！

小伟：（听到他们的谈话）哟！李刚，你什么时候变成美女的“护花使者了”，哈哈。

李刚：懒得搭理你，走了！

小华：（看着他们一起走出教室）哎，我说（摆着手势，召集几个同学）他们两个怎么总在一起啊？你们没觉得奇怪吗？

小芳：怎么没，我敢说这里面一定有事。

小菲：我昨天还看见李刚往她碗里夹菜呢！

小伟:对了,我昨天还看见他们在一起吃饭、背书呢!

小华,小芳,小伟:(点头)嗯! 肯定有问题!

旁白:有一天,王红上课写作业时,突然发现文具盒不见了。

王红:(着急地找文具盒)咦! 奇了怪了,我的文具盒呢?

李刚:(看到后)王红,你用我的吧! 我这正好有备用笔。

王红:那好吧,谢谢!

李刚:应该的,不客气!

小华:哟! 李刚,你什么时候变成活雷锋了。(说完几个同学会意地一起看向王红)

李刚:怎么说话呢? 难道帮助同学不是应该的吗?

旁白:两个十二三岁的孩子,难道真的没有把握好友谊的尺度,逾越了单纯的男女同学关系,心生爱慕之情了吗? 我们拭目以待。

(第二天上午的课间,李刚发现王红一直趴在桌上。下课后,他走到王红的身边)

同学A:终于下课了。

同学B:李刚,走,出去打篮球。

小伟:快点,快点。

李刚:王红,你怎么了?

王红:没事,就是有点头疼。

李刚:严不严重啊,手摸了一下王红的额头,又摸了一下自己的额头,(自言自语)好烫啊,去看看医生吧!

小华:哎! 你们俩什么时候好上的,也不告诉大家一声,都进展到这种程度了,哈哈!

李刚:你们可不要乱说,多难听! 我们是正常的同学交往!

小伟:什么难听啊,都做出来了,还怕我们说吗?

王红:你们怎么可以这样啊! 怪不得好朋友都开始疏远我,(趴在桌子上开始哭泣)难道男女同学就不能有真正的友谊吗?

小华:怎么了,我们不就是把事实的真相说出来了吗? 有什么好哭的,

哎，我可什么都没说啊，她自己乱想的，大家看到的，与我无关。（一副无辜的样子）

李刚：你们，你们太过分了！真不知道你们整天在想些什么？王红，别哭了，走，我们一起去找老师！

第二幕（地点：心理老师办公室）

心理老师：（了解了整件事情后微笑着擦拭王红眼角的泪水，示意几个同学坐下，语重心长地说）看来你们真的是长大了，对许多事情有自己的看法了，对男女生之间的交往也异常敏感。那今天我们就来聊聊这个话题吧！你们是怎么看待男女生之间的相处呢？

小华：老师，我就觉得男女生不应该走得那么近。

心理老师：那以你的观点男女生之间就不能在一起说话、在一起愉快地玩耍了吗？

小菲：我觉得吧，男女生走得太近、接触频繁容易“早恋”。

心理老师：你说的也不是没有道理，但这并不代表男女生之间不能交往。

小芳：同学们，男女生之间交往是正常的，但要建立在友谊的基础上。

王红：男女生之间的正常交往不仅有利于学习进步，也有利于个性发展。

同学A：我们在一起互相学习、互相影响、互相帮助，就可以取长补短，提高自己的智力活动水平和学习效率。

李刚：作为学生，这仍是一个敏感话题，处理不当，错误评价不仅会影响学习，还会影响身心健康。

心理老师：同学们，你们大多是独生子女，朋友不多，有些孤独。所以，你们在学习上有什么问题一起讨论，或者课余时间集体娱乐，作为老师，我们应该支持。同学们你们现在有什么想法吗？

小华：（起身走向王红鞠个躬）对不起，我错了，我向你道歉！我不应该捕风捉影，把男女生之间的热心帮助理解为男女感情。

小伟:(走向李刚握住他的手)我诚挚地向你说声“对不起,我错了”,我不应该把同学之间纯洁的友谊、彼此的欣赏当作不正常行为。

李刚:我也有错,以后我要向大家请教学习,我们共同解决学习上的难题,共同商讨才能集体进步。

小菲:对,我们之间应该共同学习、彼此欣赏,取长补短、集体进步!

心理老师:同学们!我们走到一起不容易。

小华:因为缘分,处于花季的我们走到了一起。

王红:相逢是缘,相知是情。

小芳:朝朝暮暮的相处中,我们相互了解,我们意趣相投。

小伟:同时又因性格各异,每个人都有自己的闪光点,这一点一点的闪光点组成了多彩星河,点缀着花季的岁月。

李刚:点点闪光排列组合,总会有几点闪光靠得更近、彼此吸引、互相欣赏,于是这几点闪光构成了星座,谱成了花季里最美的友谊。

心理老师:孩子们,我想现在你们知道该怎么做了吧!(那几个嘲笑,挖苦过王红和李刚的同学走下座位,来到他们身旁)

小华,小芳:对不起,刚才我太没礼貌了,太武断了,我误会你们了,真心向你们说声对不起。(“对不起”参差不齐的道歉声)

李刚:我刚才这个动作(摸王红额头)也太过鲁莽容易引起误会,以后我会注意的。

王红:(擦擦眼泪)没关系,我们大家以后都是最好的朋友!

同学们:对,最好的朋友!

(最后在《友谊地久天长》的歌声中谢幕)

【点评】

该剧选取小学高年级学生中比较常见的问题,贴近学生的生活,在剧情上跌宕起伏,又环环相扣。剧本围绕同学间的相处问题层层递进,同学间的流言蜚语也由背后说到两位主人公面前,所有角色的心理困惑和青少年的朦胧感情在心理老师的提问下,孩子们开始自我审查,并改变自己的错误认知，自觉纠正自己的错误行为，且认知行为的改变自然、真实、可信。再加上演员表演到位，充分运用了肢体语言、表情语言，把各个不同人物的心理冲突展示得活灵活现。特别当女主人公哭着发出“难道男女同学之间就不能有真正的友谊吗”的内心真挚呼声时，让所有人为之动容，通过讨论，孩子们总结出了正确的认知理论。

二、爱的附属品

【剧情简介】

一个班级里的“问题”学生小朱，不喜欢说话，不喜欢与人交流，整天独来独往，每天看起来郁郁寡欢，老师和同学们想方设法地去帮助他，却适得其反。最后寻求心理老师的帮助，通过意象疗法、角色互换疗法等，小朱找到内心深处恐惧的根源，通过合理宣泄，释放自我，得到缓解。

【人物简介】

小朱妈妈和爸爸：事业心强，无暇顾及家庭。

刘老师：有责任心，关心爱护学生。

小朱：心理有问题的学生。

同学若干。

【剧本】

第一幕

（电话铃声响起）

妈妈：喂，老师啊，我都说了我们家孩子没有问题，孩子只是性格内向，不爱说话而已！

刘老师：家长您好，请先冷静听我说，我之前就和您多次沟通过孩子的情况，孩子现在在学校不是爱不爱说话的问题，而是根本就不吭声，有时会突然在课堂上大喊大叫，甚至还跑到教室后面拿起笤帚在空中乱挥……我觉得孩子可能心理上出现问题了……

妈妈:啊,那我该怎么办?我的孩子该怎么办?

刘老师:我建议找心理老师帮忙解决孩子的问题。

妈妈:只要我的孩子能变好,我肯定愿意去!

第二幕

心理老师:你已经完全放松,现在进入到你的内心世界,不要着急,不要紧张,慢慢地转身找一找那些让你感到伤心、痛苦而又无助的事情。

小朱:怎么?今天一直都好好的啊!我今天什么坏事都没做啊,为什么会这样啊。(痛苦得瘫坐到地上)

(小朱回忆中的第一个画面:爸爸妈妈下班回到家……)

妈妈:哎,忙了一天累死了,我说啊,我们公司的领导又让我加班,天天还得跑来跑去应付客户,这班上得快烦死了!

爸爸:我们领导今天又找我谈话了,说我这个月业绩不达标,让我抓紧时间完成任务,不然扣工资,压力大啊!

妈妈:咦,这么晚了孩子应该在家啊,人呢?

爸爸:是不是又跑出去玩了,你这当妈的怎么不管管孩子啊?

妈妈:我这天天加班,哪有时间管孩子,再说了孩子又不是我一个人的,你怎么不管他啊?

爸爸:(在屋里找孩子)你怎么在这呢?(替身蹲在墙角,缩在那里)今天在学校怎么样啊?作业写完了没有?

妈妈:(走上前)你这孩子,你爸问你话呢,你怎么不说话啊?(用手去推替身的头)

爸爸:问你话呢,你怎么又哭了,有什么话你好好说啊!每次问了,你又不讲,就会哭,你到底想要干什么?

妈妈:不用理他,他就是在闹脾气,想吸引你的注意力!

爸爸:你自己要想开点,别动不动就哭。

替身:妈妈,我难受,我控制不住自己,我是不是病了,我能去看心理老师吗?

妈妈:那是脑袋有问题的人去看的,你没事去干什么?别想那么多,明天好好上学去!

心理老师:我看到了无助而又被忽视的你,你伤心透了吧!你能否去给那时的你一个温暖的拥抱,给他力量,告诉他要勇敢,要坚强!

(小朱去拥抱替身)

小朱,替身:爸爸妈妈能不能放下抱怨,能不能少些指责,能不能多陪陪我!

心理老师:发泄出来吧,把你的不满、气愤、痛苦全部扔掉!你已经很勇敢了,再试着去寻找让你感到伤心、痛苦和无助的事情!

第三幕

(小朱回忆中的第二个画面:小朱来到了学校,遇到他的同学们……)

(替身背着书包,手捏着书包带,戴着帽子,低着头,忧郁的表情,眼神落寞,孤零零地沿着墙边走)

同学A:你要多多运动才能有精神。

同学B:昨天我发现了一种特别好吃的食物,我带你去吃,这样你就开心了。

同学C:你看你不说话,像一个木头人一样,真是太闷了。

同学D:你从来都不参与我们的游戏,真是太不合群了!

替身:(撕掉身上的标签)不不不。

心理老师:我看到了你在撕扯,看来这些都不是你想要的吧!那时的你心里在想些什么呢?大声告诉他们吧!

替身:我很感激你们的努力,我知道你们想帮助我,我真的很感激,你们能试着靠近我,对于我来说已经是黑暗中的一束光了。陪着我,并尝试理解我就足够了,有时候,我只是需要一个能听我说话的人。

心理老师:其实情绪低落是爱的附属品,倾听和陪伴才是最好的安慰剂。让我们理解他们,帮助他们战胜心中的恶魔,一起加油吧!

第四幕

(集体朗诵)

每一天都是全新的开始,都是一次成长的机会,我们会在你身边,一直都在!

不要觉得难以启齿,总会有人能理解你的处境,会爱你,会支持你,和我们聊聊吧,你会得到帮助,得到战胜抑郁的信心!

你是独一无二的,你是被爱的,你并不孤单!耐心地对待这个世界吧,更重要的是耐心对待自己!

(全体演员谢幕)

【点评】

编剧编排这个校园心理剧,是感受到身边朋友被心理问题折磨的痛苦,想给予痛苦的他们一些支持,想让周围的人去了解心理健康问题,想让痛苦中的他们不被周围人当成异类,想让周围的人们对待他们能多些关怀和耐心,虽然有时候我们得不到他们的回应,但是要让他们感受到我们与他们同在!这个校园心理剧采用角色扮演、独白、替身等专业心理剧技术,更通过意象疗法、角色互换疗法等,帮助来访者通过合理宣泄,释放自我,得到缓解。

三、我的舞蹈梦

【剧情简介】

本剧讲述的是一位热爱舞蹈的中学生,在发展兴趣特长和提高学业成绩之间,出现了冲突。父母担心她考不上好高中,身边同学也有劝她放弃跳舞的。这些困扰影响了她的学习和训练,她鼓起勇气走进学校心理辅导中心求助心理老师。在老师和同学们的帮助下,主人公重新找回了信心,有勇气面对更多的挑战。

【人物简介】

王莹雪:一个热爱舞蹈的中学生,性格倔强,有好胜心。

王莹雪妈妈:农村妇女,文化程度不高,总担心孩子学习不好没有前途。

王莹雪爸爸:喜欢读书看报,宠爱女儿,不到万不得已不吱声。

心理老师:性格温和,尊重学生的个体差异。

其他同学:毛丽娜,刘喻梦,梁梦迪。

主持人。

【剧本】

第一幕:我有一个梦

(舞蹈教室,舞蹈社团为文艺汇演排练节目)

王莹雪:来来来!大家过来一下!我校庆新春文艺汇演马上就要到了,看我们谁能代表社团参加比赛呢!

大家齐喊:好啊!

(“五六七八,一二三四……”边喊节奏边排练,排练结束后,大家结伴下场)

梁梦迪:这次考试考得怎么样?

王莹雪:最近舞蹈排练耽误了不少时间,月考成绩下降了!妈妈知道了又要说我了。

(二人边说边下)

第二幕:有一种痛——我的心,你不懂

(月考结束了,父母询问考试成绩)

王莹雪妈妈:(着急)你看看,这都几点了!莹莹怎么还没回来?

王莹雪爸爸:(淡定)应该跳舞去了吧。

王莹雪:(兴奋地跑回家)爸,妈,我回来了!没什么事,我进屋写作业了。

王莹雪妈妈:(不满)莹莹,你过来一下。(爸爸看着杂志)

王莹雪:怎么了?

王莹雪妈妈:我看见家长群里说你们考试了,考得怎么样?(很期待的样子)

王莹雪:(兴奋的表情,顿时拉了下来)就那样吧。(不耐烦地摇动着身体)

王莹雪妈妈:学习是件严肃的事情,"就那样"是什么意思?你把卷子拿给我看看。

(王莹雪不情愿地拿出卷子,慢吞吞递给妈妈)

王莹雪妈妈:(拿起卷子看了看)就考这么点分?!考得这么差,让我的脸往哪儿搁啊?

王莹雪:我已经尽力了。

王莹雪妈妈:尽力了?你把空余时间都用来跳舞了,哪有时间学习啊?你就算喜欢跳舞,也得先把学习搞好。再说了,你将来考不上高中……

王莹雪:(很生气)我不是不想学习好,我的基础本来就不好,我也很努力了!你总不能把我学习不好赖到跳舞上吧!

王莹雪妈妈:(很生气)学习不好,上不了大学,只会跳舞,能跳一辈子吗?

王莹雪爸爸:好了好了,你们别吵了。莹莹,你回屋写作业吧,我和你妈妈说说。

(王莹雪气呼呼离开)

王莹雪妈妈:她都被你惯成什么样了,你还袒护她!(用手指女儿离去方向)学习给耽误了,以后怎么办?

王莹雪爸爸:女儿既然喜欢跳舞,还很有天赋,我们就应该支持她。学习的事,我们需要给她帮助,不能总是批评指责。

王莹雪妈妈:我就是担心她的学习。跳舞能跳出什么名堂呢!

王莹雪爸爸:每个孩子都有自己的特长,我们无法给他定制未来。天底下没有两个完全一样的孩子,我们为什么要让孩子必须和别人家的孩子一样呢。孩子人生的道路才刚刚开始，我们多给孩子提供些尝试的机会，少给孩子的成长设置障碍。

王莹雪妈妈：（无奈）好吧，我说不过你。这莹莹，教育的事，你看着办吧。

旁白：一场风波终于平息了，家里暂时恢复了平静。可是在王莹雪的心里，堵着的这团疙瘩，还没有解开呢。

第三幕：我的世界开始下雪

旁白：王莹雪对她的同学说了这件事。小伙伴们给她支支招。

王莹雪：（泄气）我妈又在抱怨我的学习成绩，还反对我跳舞，我不知道该怎么办。

毛丽娜：你应该按你自己的想法，喜欢什么就去做什么。

刘喻梦：如果你一直把精力放在舞蹈上，你的学习怎么办，最后吃亏的还是你自己。

梁梦迪：你们不要再争了，还是去咨询一下心理老师吧。

（王莹雪在心理辅导中心门外，敲门）

心理老师：请进！

（王莹雪走进心理辅导中心，入座）

王莹雪：李老师，大致情况是这样的。我呢，非常喜欢跳舞。我坚信只有自己热爱的事儿，才能把它做得更好更出色。可我妈想让我把全部精力都放在学习上。我不想放弃我的爱好，我想继续我的舞蹈梦，又不想惹妈妈生气，我该怎么办？

心理老师：王莹雪同学，能够看得出你正在因此事而烦恼。这件事情放在谁身上都会感到为难。跳舞和学习之间并不是水火不相容的关系，如何能够兼顾它们，是有办法的。我们可以一起来探讨下怎么做效果会好一些。当你的舞蹈和学业能够互相促进的时候，相信你的妈妈也会支持你的。找合适的机会，我们学校会把家长请来给他们讲讲学生学业生涯规划这方面的事情，这样的话，效果会更好。

王莹雪:好的,谢谢老师。

旁白:咨询过心理老师,王莹雪心里的疙瘩总算解开了。心情好了,学习上的烦恼似乎也减少许多,她更专注地投入舞蹈排练中。

第四幕:阳光总在风雨后

旁白:一眨眼,就到了参加文艺汇演的日子。

主持人:下一个节目是舞蹈——《追梦》,表演者,管城回族区第二中学的王莹雪。

(伴随音乐,王莹雪起舞)

主持人:本次文艺汇演,各学校都选送了最优秀的文艺节目,同学们展示了自己非凡的才艺。下面到了最激动人心的时刻了!经评委会评选,来自管城回族区第二中学的舞蹈节目《追梦》获得特别提名奖,最佳表演奖颁发给管城回族区第二中学的王莹雪。

主持人:我听说,王莹雪同学生活在农村,从小就喜欢跟着村里的阿姨学跳广场舞,后来被老师发现有舞蹈的天赋,然后走进了专业的舞蹈兴趣班。此刻,王莹雪的妈妈就在观众席上,我们欢迎她代表家长说几句,大家说,好不好?王莹雪妈妈,你是怎么培养出这么厉害的闺女的?

王莹雪妈妈:哎呀,我闺女从小就爱跳舞,拦都拦不住,因为这还耽误了学习。开始呢,我也挺反对她跳舞的,担心她的学习成绩差,将来没有好的前途。现在看,她跳起舞来这么开心,我也跟着高兴。接下来,要跟她们班老师好好商量这孩子将来的学习规划。

(王莹雪感动,走近妈妈。母女拥抱在一起)

(音乐起,剧组全体成员列队上场)

旁白:世上没有两片完全相同的叶子,也没有两个完全相同的人。一个普通的中学生——王莹雪和她喜欢跳舞的同学们,还在追逐舞蹈梦的路上。让我们把祝福送给他们吧!

(舞蹈社团四位成员用舞蹈动作谢幕)

【点评】

本剧故事取材于现实生活中的真实事件。在心理辅导中心,经常有学生就学业生涯方面的问题来咨询心理老师,而此类问题往往容易从单纯的生涯规划问题引发到亲子关系及师生关系的问题中来。

在这个心理剧中,真实呈现了问题,却并没有给出一个完满的结局。因为,现实生活中,不是所有的干预就一定有完美的结果。孩子们的学业还在继续,生活还在继续,挑战还在继续,家长和老师的陪伴也在继续……

四、没有梦想,何必远方

【剧本简介】

学生轩轩刚踏入初中校园,最初梦想着努力奋斗三年,实现自己的目标。然而现实是残酷的,因为不适应初中的学习节奏,她接二连三地没考好。家人和老师不停地指责她没有认真学习,她开始怀疑自己的智商,对生活失去了信心,她感到很迷茫,感受不到学习的乐趣,慢慢地开始堕落,放弃自己。同桌的劝导并没有使她回头,于是同桌与老师一起出动,在生涯课上唤醒轩轩的梦想,引发轩轩思考,最后轩轩重拾自信,找回梦想。

【人物简介】

轩轩:主人公,刚步入初中,因不适应初中生活,学习成绩下降,在老师和父母的指责中,她开始变得迷茫。

同桌:一位学习好且关心轩轩的学生。

李超:轩轩的好朋友。

老师,同学若干。

【剧本】

第一幕:考试(场景:教室里)

旁白:金秋九月,迎来了新的开学季,轩轩考进了理想的初中,她幻想着在这里大展拳脚,然而现实却是另一番情形。

老师:(手攥试卷)同学们,我们这次考试成绩下来了,我对比了一下你们的入班成绩啊,有很多同学都进步了,但李超、轩轩、小明这几名同学退步了,而且退步得很厉害,特别是轩轩!(把卷子拿到轩轩面前)你看看你这写的都是什么"22+30=55",气死我了!(手叉腰,用手做扇风状)

(下课铃响起了)

老师:(不耐烦)下课吧,下课吧。

轩轩:不可能,这不可能,我怎么可能考这么差!(面带疑惑、略显焦急)

同桌:轩轩,你这次一定是发挥失误。(拍拍轩轩的肩膀)

轩轩:(探头看看同桌的成绩)唉! 人和人的差距当真这么大吗?

同桌:肯定不是,你可能还没有适应初中学习吧,等你适应了,成绩会慢慢提上来的。(语重心长)

李超:(向前探身)没事,我不也退步了吗,我们一起努力,一起努力啊!

同桌:我觉得你们肯定是没有适应初中学习,因为你们之前成绩很好呀。

轩轩:但愿如此吧。

旁白:轩轩听了同桌的开导,并没有完全解惑,仍然很迷茫,很快第二次考试如期而至。

轩轩:(在公告栏上仔细寻找自己的名字)啊,等等,我没有看错吧。怎么考得这么差?(难以置信)

李超:(同样在看成绩单,后对同伴说)咦! 我进步了这么多,这看来是适应了初中学习吧。走,打球去!

轩轩:(心想)他们不适应初中学习所以上次没考好,这次进步了,而我呢? 唉! 看来我真的比不上别人。

第二幕: 迷茫 (场景: 马路上)

旁白:轩轩走进教室,感觉每个人都在鄙视自己,她难堪地低下头走回座位,对学习丧失了希望。轩轩走在回家的路上,(踢石子)不知对面走来两个衣着前卫的同学。

同学A:哎,你说说,那老班(班主任)天天唠叨,不学习长大后没出息,净胡说。(边走边说)

同学B:那可不是嘛! 那些“书呆子”整天只知道学习,将来也不会有什么出息!

同学A:走走走!(拉着同学B跑起来)赶紧进去开机子,马上就上“钻石”了,开始代练赚钱喽。(欢呼)

同学B:比那些“书呆子”强多了,学习不行,也没能力挣钱。

同学A:(撞到轩轩)哎哟! 这谁啊,不长眼!(骂起来)

轩轩:不好意思,不好意思。(赶紧让开路)

同学B:(瞅了一眼轩轩身上的校服)咦,好学生也来这儿啊!

轩轩:(心想:他们说打电竞可以挣钱,反正我学习不好,以后说不定在这方面有一番成就)呃,那个同学,打游戏真的可以赚钱?

同学A:你是不是傻,现在电竞行业正在蓬勃发展,电竞主播,据说个个年薪很高!

同学B:尤其是那些知名主播,年薪更高。(嘚瑟)

轩轩:那……那你们打游戏能不能带上我?(轩轩动心了)

同学A:就你! 算了吧! 一个小姑娘的,回家玩你的布娃娃去吧!

轩轩:(自言自语)难道我真的做什么都不行吗? 我该怎么办?

第三幕:堕落

旁白:此后轩轩对学习失去了信心,经常课上睡觉课下玩游戏,渐渐地面色消瘦。

(轩轩正在低头玩游戏)

同桌:(拍拍轩轩)轩轩! 轩轩! 别玩了,这段时间我总觉得你不对劲,你上课不是睡觉就是玩游戏,你到底怎么了?

轩轩:让开,别打扰我玩游戏。

同桌:(抢过轩轩的游戏机)轩轩,你整天玩游戏,你还学习不学习了?

轩轩:你什么都不知道,凭什么管我,我不管怎么学习我的成绩都上不去,在学习上我没有天赋,什么都不会,反正我也考不上大学,干吗要费劲学习,现在电竞这么火,我要是游戏玩得好,我就可以凭玩游戏挣钱! 别影响我挣钱。(继续低头玩游戏)

同桌:轩轩,你听我说,这样下去你会毁掉自己的!(轩轩继续玩游戏,不理睬同桌)我该怎么办,(坐立不安)我要不要告诉老师(犹豫不决)? 不行,我得告诉老师去!(径直走向办公室,敲敲老师办公室的门)

老师:请进,同学,找我什么事啊?

同桌:(坐下)老师您好,我想和您谈谈关于轩轩的事情。

老师:哦,轩轩啊,(恍然大悟)其实我早就注意到她了,你别看我平时对你们那么严厉,其实老师一直都在关注你们,我上个星期就发现轩轩有点儿不对劲了,上课无精打采,一下课就玩游戏,她最近发生什么事情了吗?(语重心长)

同桌:(激动)老师,轩轩自从前两次考试失利后,她对学习失去了信心,人生没有了目标,觉得学习没有用,老师我们得想想办法,不能眼看着我的同桌堕落下去。

老师:嗯,我了解了,我会找时间和她谈谈的,你了解轩轩有什么其他的兴趣吗?

同桌:(抓着头发思考)对了,轩轩小学时喜欢唱歌。

老师:嗯嗯,我们可以先帮助轩轩在感兴趣的事上找到自信,然后再去开导她。来,我们可以先这样做……(两人小声地商量着)

旁白:两人小声地商量着,一段时间过去,老师和同桌似乎达成了某种共识。

第四幕:生涯课上(场景:教室里)

老师:同学好,今天我们来开展一节新的课程——生涯课,为了适应当下社会发展的需要和国家对人才发展的要求,我们要做好自己的生涯规划。第一步我们要了解我们自己,根据自己的优缺点,培养自己的兴趣爱好，树立自己的梦想和目标。（老师说完，同学们在不停地议论）好了，同学们安静，现在我们请同学们说一下自己的兴趣爱好和梦想。

李超：老师，我喜欢语文课，我的文笔好，我以后要当一名作家。

同桌：我喜欢画画，我梦想成为一名画家。

老师：（看向轩轩说）轩轩你呢？

轩轩：（迷茫地抬起头）我不知道，我什么都不会。（沮丧地低下头）

同桌：（碰了碰轩轩的胳膊）轩轩你不是歌唱得特别好吗？

轩轩：我会唱歌，可是，我不行吧？

同桌：你可以的，我记得你小学时唱得特别好。（同桌举手对老师说）老师，轩轩会唱歌。

轩轩：（急忙摆手）不行的，我不行的，我唱得不好。

老师：轩轩，同学们都说你歌唱得特别好，你给同学们展示一下好不好，相信自己你一定可以的。来，同学们，我们给轩轩鼓励一下。（同学们鼓掌，轩轩慢慢地站了起来，慢慢地唱起歌来）

旁白：轩轩唱完歌后，迎来了同学们热烈的掌声，同学们不停地赞扬轩轩，轩轩羞涩地笑了，但又觉得有点迷茫，她不停地纠结，自己不是真的什么都不行，可是为什么学习就不行呢？此时，轩轩的脑海里有两个声音在不停地说话。（替身轩轩和同桌在不停地拉扯着轩轩）

替身轩轩：轩轩，放弃吧，你就是太笨了，你看看你学习都学不好，你还能干什么？

同桌：轩轩，别听她瞎说，你是最棒的，你说过你的梦想是成为一名歌手的。

替身轩轩：你作为她的同桌就会忽悠她，轩轩，我是你的影子，我是最了解你的，你一定会听我的，什么梦想，根本不可能实现的，放弃吧，我们好好玩游戏，争取靠电竞挣钱，放弃学习吧。

同桌：轩轩，你别听她的，你看你歌唱得这么好，你学习一定能好的，轩轩你听我的。

替身轩轩：轩轩听我的。（两人不停地在轩轩脑海里争吵）

轩轩:(迷茫地挠挠头,大喊道)别说了,都别说了,我……我该怎么办?

第五幕:梦境

旁白:黑夜里,轩轩做了一个关于白天的梦。梦境里她来到了六年后,这时的她是一名即将参加高考的高三学生,她身边的同学们都在努力地学习,为高考做准备,看到同学们忙碌的学习,轩轩迷茫得不知所措。

同桌:轩轩,快点学习吧,我们马上就该高考了,别再发愣了。

轩轩:高考,这么快,我什么都不会啊,我还没准备好。

同桌:你不是会唱歌吗?可以报艺术特长生啊。

轩轩:我不行的,我唱得不行。

同桌:别谦虚了,当初生涯课上你唱得那么棒,当时你还说你的梦想是成为一名歌手呢?你肯定会实现你的梦想的。

轩轩:(迷茫)是吗?我真的有梦想吗?可我当时以为我那么笨,对我来说梦想是遥不可及的,于是我选择了另外一个声音,放弃了我的梦想,选择了电竞游戏;现在的我,好像真的什么都不会了,真的成为一个一无是处的人了。

旁白:梦境里的轩轩非常后悔当初没有选择听同桌的话坚持自己的梦想,她放弃了唱歌,放弃了学习,浑浑噩噩地经过了高考。很显然,她高考失败了,坚持梦想的人都如愿考上了自己理想的大学,只有她在后悔和迷茫中度过。

第六幕:觉醒

轩轩:(害怕得醒了过来)不不不,我不要这样。

旁白:轩轩醒来后意识到了自己的错误,可她不知道该怎么办,她迷茫地来到了老师的办公室门口,站在门口不停地纠结要不要进去,她在办公室门前徘徊了好久,终于她敲响了办公室的门。

轩轩:(低头不停地搓着衣角)老师好,老师,我有个问题想不明白。

老师:轩轩,怎么了,昨天你歌唱得特别棒,老师为你感到骄傲,今天这是怎么啦?

轩轩:(高兴地笑了,但想到自己的成绩又伤心地低下了头)老师,可我的学习成绩实在太糟糕了,学习不好,做什么都不行,老师,我是不是太笨了。

老师:轩轩,老师一直觉得你很有潜力,你前几次考试成绩不好是因为刚到初中不太适应,没有好的学习习惯。你特别聪明,你看你歌唱得就很棒啊,你知道吗,你唱歌时整个人好像在发光一样,特别自信。

轩轩:真的吗?

老师:那当然,一次的失败不代表永远的失败,会唱歌的孩子都是特别阳光聪明的。

轩轩:老师,我会考上好大学吗?

老师:轩轩,首先一个人必须要有梦想,其次,你必须要为了你的梦想付出努力,最后,你必须要有自信心,不要问自己行不行,要问自己为了梦想能付出多少努力。不论经历多少困难,你都要坚持到底,老师相信你一定会越来越优秀。

轩轩:老师,我会的!谢谢您的开导。

(放音乐《最初的梦想》)

旁白:轩轩听过老师的话后,走在回家的路上一直在想这个问题,唱歌让她找回了自信,她把这份自信用到了学习中,最后成绩取得了很大的进步,老师的开导让她重拾自信,找回梦想。

(齐朗诵)

我们盲目地学习着,是因为不知道未来的方向在哪里,只有如此手足无措地应对着;

我们迷茫地生活着,是因为不知道梦想的真谛在哪里,只有如此碌碌无为地后悔着;

生活中总有一些不如意,总有一些不顺心,只要坚守着自己的梦想,就不会被打倒,再大的风浪也阻挡不了我们前进的步伐。最初的梦想紧握在手上,最想要去的地方,怎么能在半路就返航,最初的梦想绝对会到达,实现了真的渴望,才能够算到过了天堂。(合)没有梦想,何必远方。

（全体演员谢幕）

【点评】

本剧真实地写出了初中学生遇到的问题，在学习的道路上遇到挫折而迷失自我，通过生涯教育课和老师的开导轩轩重拾自信，找回梦想。因此可以说，这个剧本中学生有了问题，解决方式是多元化的。这个过程是学生自己成长的过程，自己觉悟的过程。该剧运用了独白、旁白、角色扮演、替身等方式展现整个问题的产生与解决的过程，是个非常好的剧本。

本剧紧扣初中阶段学生中常见的问题。剧中矛盾起伏变化突出，利用生涯教育课让轩轩找回自信。其解决方式合理，同桌与老师利用心理学上的双重开导，引导轩轩正确看待自己。

五、男生和女生

【剧情简介】

放学时，杨阳帮萌萌收拾东西，却被同学起哄成“一对儿”，两人十分郁闷。萌萌因为害怕再被议论，不知道要不要继续跟杨阳做朋友，回到家把事情的经过告诉了妈妈，在妈妈的开导下变得豁然开朗。杨阳却无人可以诉说自己心中苦闷，疑惑自己是不是真的像大家说的那样喜欢萌萌。老师知道了这件事，通过团体心理辅导课，为大家解答了男女生交往中的问题。

【人物简介】

萌萌：学习琵琶，爱好画画，家庭幸福，活泼开朗。

杨阳：学习大提琴，单亲家庭，乐于助人。

雷雷：学习大鼓，调皮捣蛋，经常起哄。

孙老师：音乐老师。

心理老师，同学若干，萌萌妈妈，杨阳姥姥。

【剧本】

第一幕：交往的烦恼

（地点：排练厅，人物：音乐老师、杨阳、萌萌、雷雷、排练的同学）

孙老师：（老师站在指挥台上）非常好！这次排练得不错，希望同学们继续保持！下面大家收拾一下自己的东西，放学！

（萌萌依旧坐在自己的位置上，揉着自己的手腕和肩膀缓解酸痛，旁边的杨阳看着萌萌还是不动，关切起来）

杨阳：怎么了萌萌？你不舒服吗？

萌萌：（继续揉着）刚才排练，手腕酸。

杨阳：（看了一眼萌萌）你的琴箱在哪呢，我帮你装好。

萌萌：（指着琴箱）那儿呢。

杨阳：好嘞！（杨阳过去装琴）

萌萌：那我把我们的凳子放回去。

（杨阳跟萌萌微笑着对视了一下，雷雷突然出现了）

雷雷：哎哟，"我们我们"叫得挺亲啊！

（雷雷和萌萌停下了手头的活儿，雷雷指着萌萌和杨阳边说边笑，旁边的几个同学也跟着起哄）

旁边的同学：是啊，你们什么关系啊，叫得这么亲！

杨阳：（不耐烦）我就是帮萌萌把琴放好，有什么不对吗？

雷雷：还"萌萌"！（对着萌萌喊了声）萌萌！

萌萌：你闭嘴！叫得这么恶心！（吸了口气）不帮忙就别捣乱！

杨阳：就是啊！（看了雷雷一眼）要不你来拿着试试？（说着，把琴箱往雷雷手里塞）

雷雷：哎哎！你干吗！（没底气的）我才不拿你这破琴呢！

杨阳：（瞥了雷雷一眼）就知道你拿不动。（然后把琴箱放好，对萌萌说）不用搭理他们，我们走！

（他们刚走几步，雷雷就反击式地起哄）

雷雷:萌萌杨阳真是亲,你来休息他摆琴,对方的名字叫得顺,说不定你俩是一对儿!(说唱)

旁边的同学:对! 说不定你俩是一对儿!

萌萌:(指着他们,大声地)你们! ……我要报告老师!

(雷雷和几个同学做起了鬼脸,萌萌就更加生气了,想要跟他们理论,被杨阳拦住了)

杨阳:算了,别跟他们一般见识,走吧。(杨阳和萌萌下场)

雷雷:(得意的)行了,我们也走吧。(说着大家都下场)

第二幕: 不同的面对

(地点:萌萌家和杨阳家,人物:萌萌、萌萌妈妈、杨阳、杨阳姥姥)

(左场景:温馨的家)

旁白:回家的路上,雷雷的话像被施了魔法,把萌萌和杨阳之间的气氛变得十分尴尬。他们都想解释点什么,但又不知道该怎么说,就这样闷闷不乐地回到了家。

萌萌:(情绪低落)妈妈,我回来了。(说着把书包往沙发上一放)

妈妈:(关切地问)这是怎么了,拉着个脸!

萌萌:没事!

妈妈:我看你明明就是有事。

萌萌:(不耐烦地)哎呀! 跟你说了没事就是没事! 怎么跟我们班同学一样“八卦”!

妈妈:你们班同学? 你们班同学怎么了? 跟妈妈说说,说不定妈妈能帮到你呢!

萌萌:嗯,就是今天排练结束后,我手腕酸,没力气提琴,然后杨阳就过来帮我,(提高语气)刚好被我们班雷雷看到,他就带着一帮同学说我们是一对儿。

妈妈:(忍不住笑了)原来是这样。你们班那个雷雷逗你们玩的吧,估计也没什么恶意。

萌萌:可是那个雷雷真的特别讨厌,让他那么一起哄,我都不知道以后怎么继续跟杨阳做朋友了!

妈妈:还像以前那样做朋友啊!我们跟杨阳住一个小区,你们本来关系就好,从小玩到大,又是一起学琴一起上兴趣班,要是因为这就和杨阳断绝朋友关系,太不值了。

萌萌:对啊,让妈妈这么一说,确实很不值呢。那他们再起哄了怎么办?

妈妈:那你就大大方方地跟他们解释。然后问他们"不管是邻居还是同学,互相帮助有什么不对的吗?"

萌萌:(豁然开朗)对啊!这样一问,他们反倒没什么说的了!还是妈妈主意多!

妈妈:(笑)你呀!有事不要憋在心里,可以跟妈妈说,说不定妈妈能帮到你呢!

萌萌:(依偎在妈妈身边)嗯,跟妈妈说完,我觉得心里舒服多了!

(右场景:杨阳的家)

姥姥:(画外音)阳儿,吃饭了!

杨阳:(喊着)知道了姥姥,我画画呢,明天得交!

姥姥:(画外音)你妈刚打电话说她回来得晚,晚上不用等她吃饭了,让我们先吃。

杨阳:(喊着)知道了姥姥!

(杨阳一个人坐在桌子前,满脑不开心的样子)

杨阳:(独白,恼怒地)又不回来吃饭!总是这样忙,都不关心我!(向往地)真羡慕萌萌,每天都有爸爸妈妈的陪伴,那么活泼,那么开朗!(疑惑地)雷雷说我喜欢萌萌,我喜欢她吗?(画外音:你就是喜欢萌萌,不喜欢她,你会帮她?)(无奈地)不是吧,别的同学有困难我也经常帮助他们,难道帮助就是喜欢吗?(看着自己画的画)哎!一团糟!心情不好的时候,画得画也是糟糕的!

第三幕：豁然开朗

（地点：学校教室，人物：心理老师、同学）

旁白：第二天，班主任接到了萌萌妈妈的电话，了解了情况后，班主任希望心理老师能帮忙上一节有针对性的心理健康课，解决全班同学在异性交往中产生的问题。

心理老师：同学们，今天我们这节团体心理课的主题是“男生和女生”，下面请同学们伴随着音乐想象你心中的男生或者女生的样子，五分钟后，我请同学来分享。

男生A：我心中女生的样子是长头发、大眼睛、学习好、形象好、乐于助人、性格开朗。

男生B：咦，跟我写的一样！

男生C：跟我写的也差不多！

心理老师：哪位女生再来分享？

女生A：我心中的男生要学习好、长得帅，能主动帮助女生，不像有些男生，只会起哄！（瞥雷雷一眼）

众女生：就是！

雷雷：原来女生心中的男生是这样的啊，看来我以后得改改自己的毛病了。

心理老师：同学们，优秀的人、美好的事物是我们每个人内心的追求，希望大家在以后的学习生活中，能够内外兼修，不断提升自己的修养，做一个值得他人欣赏的人，好吗？

众学生：好！

（全体说唱）

老师：五彩缤纷校园里，学习生活事儿多，同学交往是学问，相处之道要学习。

女生A：老师老师你看。

女生B：他拽我辫子。

男生A:她踢我凳子。

女生C:他给我起外号。

男生B:她扔我本子。

老师:同学相处要多宽容、少计较;多沟通、少隔阂;多信任、少猜忌;多尊重、少议论。

老师:在交往中,男女生要取长补短。

男生A:我有力气搬凳子。

女生A:我把凳子摆整齐。

男生B:我敢站高擦玻璃。

女生B:那我把黑板擦干净。

全体女生:男生男生听过来,阳光帅气形象好,责任担当更重要,热心助人品德好,你来夸来我来赞。

全体男生:女生女生听过来,美丽大方外形美,内外兼修气质佳,善良包容是美德,人人喜爱人人夸。

全体:同学之间要团结,起哄议论压力大,影响心情损友谊,互帮互助共进步。

老师:同学们,在生活中遇到了困难该怎么办呢?

男生A:说给伙伴听听。

女生A:说给爸爸听听。

女生B:还可以说给老师听。

老生师:大家的方法可真多!还有吗?

男生A:打个篮球。

女生A:写个日记。

男生B:听歌曲。

女生B:弹弹我的琴。

老师:孩子们,你们可真棒!

全体:同学们,你有心事说给我听,我有困难你来帮忙。一起学习,一起玩耍,一起成长!

【点评】

在校园里，每天都有着不同的交往难题，如何和同学们友好相处呢？如何做一个受欢迎的人？如何正确看待男生女生懵懂的情感问题？心理剧《男生和女生》里，突出了这些问题，表演通过独白、绘画、分享、领悟、倾诉等心理技术，展现了孩子们的日常学习、生活中常见的心理问题，主题深刻，启发孩子们正确看待、处理平时的人际交往。

六、照进心灵的光

【剧情简介】

本剧主要讲了一个内向、不善言谈的女生，在日常学习中不喜欢跟同学以及老师交流。后来，通过沙盘游戏，老师发现她有自卑心理，但却是一个爱动脑、动手能力强的孩子，因此推荐她参加社团活动。通过学校创客社团，她变得自信、阳光、开朗。

【人物简介】

于小舟：六年级学生，性格内向，不善言谈，有些自闭。

王老师：班主任，兼学校心理老师。

张老师：数学老师兼创客老师。

女生若干。

【剧本】

第一幕

（在欢快的下课铃声中，同学们各自休息）

女生A：下课咯！有要玩跳皮筋的吗？

女生B，女生C：我我我！出来玩怎么不带上我们呢？

女生A：走吧！

女生A：小舟，你跟我们一起去玩吧！

（于小舟在桌上玩魔方，对他们摇了摇头）

女生B：一起玩多热闹啊，走吧走吧！

女生C（女生C拉着小舟的手）：就是就是，走吧走吧！

（于小舟没吭声接着摇了摇头）

女生C：那我们可出去玩了，你千万别后悔！

（小舟默不作声，女生C松开小舟的手，几个人准备离开教室）

女生B，女生C：哎，真扫兴！

（所有人都下台，教室里只剩下小舟，王老师出场）

王老师（走到于小舟跟前）：小舟，你怎么了？（于小舟没吭声）

王老师（拍了拍于小舟的肩膀）：小舟，怎么了？你怎么没跟同学们出去玩呢？难道小舟不喜欢和同学们一起玩吗？（于小舟默不作声，继续玩着魔方）

王老师（坐在于小舟旁边）：老师知道一个有趣的地方，你愿意和老师一起去吗？（于小舟停下了手里的动作，若有所思地看着王老师，点了点头）

王老师：走吧，小舟。

第二幕

王老师：来，小舟，在这边。

（王老师拉着小舟的手来到沙盘室。于小舟一只手握了一把沙子，看着沙子慢慢流下来）

旁白：通过沙盘游戏，王老师发现于小舟不愿与人交流是因为她有自卑倾向，为了改变小舟的自卑心理，王老师带她来到了创客社团。

第三幕

（创客教室，王老师在前，于小舟随后）

王老师：小舟，创客社团的作品是不是很有趣呀？（小舟点点头）

王老师：等小舟加入了创客社团，老师相信，小舟也可以做出比这更好的作品。（小舟对王老师微笑）

（创客社团的同学都在进行作品制作。忽然，小舟被一阵悦耳的声音吸引，慢慢地靠近发出声音的地方，原来这是由纸做的钢琴，经过同学的弹奏竟发出来动听的乐曲声。小舟津津有味地看着，一动不动）

女生D(弹奏后站起来，对于小舟说)：我看你站了好半天，那就请你来弹一下我的纸钢琴吧。(小舟咬着唇，看着王老师)

王老师：试一试吧，小舟。

（小舟食指放在琴键上，发出了一阵美妙的声音）

旁白：于小舟非常羡慕她的才能。谁能想到这样的一张纸竟可以发出这么美妙的声音，这真是太奇妙了，太神奇了！

（张老师出场）

张老师：小舟，我听王老师说，你是一个很有天分的孩子，你愿意加入我们创客社团吗？(于小舟看了一眼张老师，又看着王老师)

王老师：小舟，试一试吧。(于小舟对王老师和张老师笑了笑点点头)

旁白：于小舟想，她应该尝试一下，或许在创客社团中，她也可以做出比这更好的作品！

张老师：相信你可以的！

王老师：老师相信小舟！

第四幕

（创客社团的教室里，同学们都在进行创作）

于小舟：张老师，房子的感应灯总是不亮，您可以帮我看一下吗？

张老师(微笑着)：好的，看这里，你这样做会断路的，把它们对调一下就可以了。你试一试吧。

旁白：在创客社团里，于小舟勤学好问，主动向老师和同学们请教，渐渐地掌握各种复杂的技术与原理，由此做出了"智能房子"。

女生E：于小舟，我的车还是不会走，你可以帮我看一下吗？

于小舟：好的。你看，老师说过，应该把电机运动转换为往复摆动运动。(于小舟调试了一下，机械车就动起来了)

女生F：于小舟，这么复杂的原理，你掌握得这么熟，好厉害啊！谢谢你。

女生G：于小舟，我的摩天轮总是不会转，可以帮我看一看吗？

于小舟：好啊。（于小舟稍做调试，摩天轮便转起来）

女生G：哇，你太厉害了！看你平时不爱说话，没想到你这么聪明，动手能力这么强，你真是我的偶像啊！

女生E，女生F：她可是我们的偶像！

于小舟：（腼腆）你们这么说，我都不好意思了呢。（露出笑容）

旁白：于小舟在这个社团里，从没想过她可以得到大家的欣赏，更没想到，她也能成为大家羡慕的对象，创客社团让她变得越来越开朗，也让她越来越自信。于小舟在张老师和同学们的帮助下，熟练掌握了3D打印、激光雕刻等技术，她渐渐地学会主动帮助同学和老师解决各种难题。通过一系列编程最终制成了水果钢琴，精致的钢琴发出了美妙的声音。

女生G：小舟，你太棒了！

女生E：小舟，你好有天分！

女生F：小舟，这钢琴声真美妙啊！

（这时，水果钢琴弹奏出《小苹果》的乐声，大家开心地跳起了舞蹈，在歌声和舞蹈中谢幕）

【点评】

该剧主题突出，内容健康向上，贴近学生校园生活。其中融入了心理学知识和技巧并以角色扮演、内心独白等方式进行呈现，剧情结构紧凑、重点突出。学生们几乎没有舞台表演经验，在演练过程中，很容易出现混乱的情况。但经过后期努力，学生们表情自然大方、吐字清晰、语言流畅、动作协调、服装整齐美观，剧情所用的道具也是别具一格。

该剧还引入新教育形式下的创客教育，内容具有创新性，题材新颖，有亮点。演员们平时的生活、学习习惯基本和剧本要求的人物一致，接近本色出演。塑造的人物形象丰满，活灵活现。剧情末尾的歌舞突出了小舟性格开朗后的变化，也表现出孩子们天真、活泼的天性。整齐划一的歌舞，提升了节目的效果,给人带来视觉和听觉上的享受。

七、走出网络，融入生活

【剧情简介】

学生吴一帆沉迷于网络游戏与母亲和好朋友小丽发生了矛盾,导致好朋友小丽都孤立了他,最后在心理老师的辅导下,一帆意识到了自己的错误,走出了网络,重新投入到学习中去。

【人物简介】

吴一帆、一帆替身、一帆妈妈、小丽、心理老师。

【剧本】

旁白:吴一帆和小丽是发小,吴一帆性格内向爱玩游戏,小丽性格活泼,兴趣多。两人都以优异的成绩同时考入重点中学,但由于游戏上瘾,吴一帆成绩不断下滑,与朋友和家人的关系也越来越糟糕。

第一幕：母子冲突

(家中,吴一帆跷着二郎腿,盯着电脑,双手熟练地操控着电脑)

一帆妈妈:一帆,吃饭了。(一帆沉迷于游戏不理睬)吴一帆,吃饭了,听见没?(妈妈生气地大喊)

一帆:(依旧盯着屏幕,随意回了句)马上来。

(十分钟后,一帆妈妈走上台,从后面揪着一帆的耳朵):叫了你多少声,你耳朵聋了吗?

一帆:我打完这一局就去,大不了不吃了,哎呀,“死了死了”!(一帆着急地坐下继续打游戏)

(一帆妈妈生气地拔掉电脑电源,电脑黑屏)

一帆(生气地站起来,气愤地吼道):你干什么呀,你凭什么拔我电源,我说不吃就不吃。(用力地将鼠标一摔,生气地走出家门)

一帆妈妈:有本事你别回来,熊孩子真是气死我了,整天就知道玩游戏。

第二幕：同学冲突

（教室里，一帆坐在座位上用手机偷偷玩游戏，他的好朋友小丽走过来将一帆吓了一跳）

一帆（生气地大喊）：干什么呢，“男人婆”，吓得我差一点被“敌人”秒杀。（一帆继续低头玩游戏）

小丽：哎呀，哥们，游戏有什么好玩的，（神秘地在一帆耳边说道）今年我们社团招新啦，我想去报舞蹈社、音乐社，我要在舞台上绽放光彩，你要不要和我一起去报，丰富一下我们的业余生活，放松一下！

（一帆低头玩手机，不理睬小丽）

小丽（一把将一帆手机夺了过来，冲他喊道）：我和你说话听见没？亏我什么好事都想着你，你还对我不理不睬。

一帆（一把夺回手机）：谁稀罕你什么都想着我，真是多管闲事，走一边去，别影响我打游戏。（一帆继续低头玩手机）

小丽（生气）：好好好，我走，我多管闲事，你玩你的游戏，我再也不和你玩了，你和你的游戏玩吧！（小丽哭着跑下舞台，留下一帆独自在舞台玩游戏）

（一帆终于玩完了游戏，松了一口气，放下手机，左右张望着找朋友。哎，人都去哪里了，小丽一定又偷偷出去玩了，我去找找她）

（舞蹈教室里，小丽和同学在一起跳着舞，不停地说笑着，一帆在旁边不停地给小丽打招呼，可是没有人搭理他）

一帆（跺着脚生气）：这是怎么回事，怎么没人理我，你们还是不是我的好朋友。我也不屑和你们玩了，跳的什么舞啊，真难看，还不如玩游戏去，哼。（一帆生气地跑走了）

第三幕：情景再现

（一帆生气地跑回了教室，坐在凳子上不停地抱怨，他生气地重新拿起了手机，继续玩游戏，突然灯光全暗，一帆有些头晕，一下倒在椅子上）

（一帆以旁观者的角度看替身一帆和小丽之间发生的事情，一帆在旁边若有所思）

（教室里，替身一帆坐在位置上用手机偷偷玩游戏，他的好朋友小丽走过来吓了替身一帆一跳）

替身一帆：干什么呢，“男人婆”，吓得我差一点被“敌人”秒杀。（替身一帆继续低头玩游戏）

小丽：哎呀，哥们，游戏有什么玩的，我们出去玩吧！（替身一帆低头玩游戏，不理睬小丽）

小丽（小丽将手机夺了过来，冲他喊道）：我和你说话听见没？走吧，出去玩去，游戏有什么好玩的，整天就知道抱着手机玩。

替身一帆（一把夺过手机）：把手机还我，游戏当然好玩了，和你有什么玩的。（替身一帆和小丽来回夺手机，替身一帆挥手揍向小丽，动作定格）

一帆（低头反思）：这真的是我吗？难道真是我的错吗？我……我……我该怎么办呢？（一帆茫然地走出了教室）

第四幕：心理辅导

（一帆走着走着走到了心理咨询室，抬头一看门牌，顿悟到心理老师一定有办法，我可以咨询一下心理老师啊！说着一帆来到心理咨询室门口，敲了门，走了进去）

一帆：老师您好！

心理老师：同学你好，请坐，请问有什么需要帮助的吗？

一帆：老师，我觉得我可能错了，可是我不知道该怎么办？

心理老师：你能具体说一下发生了什么事吗？

一帆：我在玩游戏时忽视了我的亲人和朋友，可我不是故意的，我错了吗？我该怎么办？

心理老师：首先你不知道自己有没有错对吗？那现在我们来换位思考一下。（角色互换）

第五幕：角色互换

（替身一帆和小丽角色互换，一帆以局外人的身份旁观）

替身一帆：（小丽坐在位置上玩游戏，替身一帆走了过来）小丽我们出去玩吧！

小丽（头也不抬）：不去不去，没看到我在玩游戏吗！

替身一帆：哎呀，游戏有什么玩的，我们出去玩吧！（小丽低头玩游戏，不理睬替身一帆）

替身一帆（把小丽手机夺了过来，冲她喊道）：我和你说话听见没？走吧，出去玩去，游戏有什么好玩的。

小丽（站起来大声喊道）：把手机还我，游戏当然好玩了，你原来不是也整天抱着手机，我这不是向你学习吗，和你有什么玩的，走一边去，别影响我玩游戏。（替身一帆和小丽来回夺手机，动作定格）

（替身一帆和小丽动作定格，一帆若有所思地低下了头）

一帆：难道我真的是这样的吗？我真的做得不对，可我该怎么请求他们的原谅呢，我说不出口，老师……（一帆抬起头，带着渴望的眼神望着心理老师）

心理老师：你能意识到自己的错误，我为你感到高兴，可是你又觉得自己不好意思面对他们，不好意思当面承认自己的错误，对不对？现在呢，孩子，这有一把空椅子，你把它当作你想要道歉的对象，把你想说的话对着空椅子说出来，好不好？（心理老师在一帆对面放一把空椅子，一帆点头答应了老师）

（一帆面对空椅子，紧张地搓着手，低头一会后，鼓起勇气望向空椅子）

一帆：妈妈，小丽，朋友们，对不起，真的对不起，我明白了你们是对我好，可我为了玩游戏忽视了你们，我这样做太不尊重你们了，对不起！我以后再也不沉迷于游戏了，真的不玩游戏了，你们能原谅我吗？能和我重新做朋友吗？

旁白：你真的能抛弃你的游戏吗？

一帆（用力地点着头，保证地说道）：我保证，我真的保证，我真的不再玩游戏了，我明白了如果我还沉迷于游戏，我可能真的会孤独终老的，不不不，那就太可怕了，我保证，我真的保证，我一定不再玩游戏了，真的不玩了，可是我好像后悔得有点晚了，我的朋友们都远离我了。（一帆落寞地低头哭泣了起来，悲伤音乐响起）

旁白：孩子，你还年轻，知错就改还是好孩子，你看，他们来了。（同学们上场，欢快音乐响起，一帆高兴地跑了上去，激动得语无伦次，不停地道歉）

小丽（拉着一帆）：吴一帆，你还跟不跟我们玩了？你还玩不玩游戏了？

一帆：跟你玩，我不玩游戏了，真的不玩了，我要你们，我要朋友。

小丽：好，走吧，我们一起去玩吧。（众人欢快地抱在了一起，跳起了舞蹈，音乐响起）

旁白：一帆慢慢地放下了游戏，融入了大家的集体活动中，相信他们以后的生活会变得越来越好！

（谢幕，演员下场）

【点评】

该剧构思紧贴当下中学生生活，反映了当前中学生网络成瘾的现象，颇具典型性、代表性。演员们的表演充分展示了剧中人物的心理冲突。利用独白、角色互换、角色扮演、替身和空椅子等心理技术，从认知、情绪层面对心理问题进行了展示、探索、明晰、改变等过程，最后完成了主人公心理重建的目标，形成了一个完整的展示问题、解决问题、调整心理的过程。

八、重整羽翼，青春启航

【剧情简介】

胡拉拉在某一天晚上拨通了电台的电话，向主播讲述了她高中三年的学习经历。中考没发挥好，胡拉拉不被父母理解，进入高中后，开始自暴自弃。一个偶然的事件改变了她对生活和学习态度，在同学和老师的帮助下，她重拾信心，找到那个原本美好的自己。

【人物简介】

女主角:胡拉拉中考失利,不被父母理解,进入高中后,开始自暴自弃。一个偶然的事件改变了她对生活和学习态度,在同学和老师的帮助下,她重拾信心,找到那个原本美好的自己。

男主角:江城,班级学习委员,成绩优异,为了保住年级第一的位置,在一次考试中作弊,胡拉拉替他“背锅”,让他重新审视自己,开始和拉拉有了交集。

女主播、若干名学生、老师、拉拉父母。

【剧本】

第一幕

(女主播向工作人员伸出“OK”的手势,这时候舞台上只留女主播一人)

女主播:各位听众,大家晚上好,感谢大家和我相约在21:30这个时间,同时我在郑州广播电台慰问在世界各地的你们。这些天,我发现有许多听众在“我的留言板”下留言关于青春的故事,那么今天,节目开始,我将和听众朋友们分享一曲青春之歌。(音乐《谁的青春不迷茫》响起)好的,一首歌过后,我们来接听第一位听众的电话。喂！你好。

(这时候拉拉说话,人物不用上场)

胡拉拉:主播,你好,我今年26岁了,我现在生活在我喜欢的城市,过着我喜欢的生活,我很快乐。我想和你分享一下我的青春故事。那个曾经迷茫无助的我,那个自暴自弃的我,还有那个重拾信心的我……

(主播下场,道具上场)

第二幕

拉拉父亲:拉拉啊,你这次考试又考成这样,你看看,各科都倒数,你可怎么办?爸妈可是为你操碎了心,每天辛苦工作养活你,可你呢,就拿这样的成绩回报我!(说话过程声音逐渐变大)

拉拉母亲：是啊，考不上重点高中也就罢了，上个普通高中成绩还这么差！你就不会争点气啊，让爸妈少丢点脸啊！（用食指对着拉拉指指点点，越说越生气）你看看人家江城，次次考试都是年级第一，你怎么不跟着学学呢……

胡拉拉（用手堵住耳朵）：别说了！你们眼里就只有成绩，成绩，成绩，成绩！你们关心过我的感受吗？你们以为我想这样倒数吗？你们知道高中科目多难学吗？我就倒数，就成绩差，不用你们管！（说完冲进自己的房间）

旁白：就这样，拉拉和父母不欢而散。其实拉拉的高中同学很多都不知道，拉拉初中时成绩优秀，只是中考发挥失常，与省重点高中失之交臂。中考成绩出来后，拉拉的父母十分生气，但他们不仅没有及时地鼓励、安慰拉拉，还一直责怪拉拉，从高中之后，拉拉便开始颓废，一蹶不振。很快地，高一马上要过去了，拉拉的成绩一直在班级倒数，与父母的关系也不冷不热。

第三幕

旁白：高二就这样悄然开始，班主任也换了，年轻的刘老师细心地观察班里的每一位同学，关心他们的学习和生活。月考来了，这一次，坐在拉拉前面的是年级第一名的江城。

老师：把书桌上的东西都放到教室后面的柜子上。凡是发现与考试有关资料、物品，都视为作弊。

（整个考场安静得只有写字的声音，百无聊赖的拉拉看着前面的江城，突然间，江城拿出一张纸条看了起来。监考老师在考场四处转着，不知不觉地走到了江城身边，由于紧张，江城把纸条扔在了地上。老师走过来，拾了起来）

老师：这是你们两个谁的？（看着拉拉和江城，江城低头不语，拉拉忽闪着大眼睛看着监考老师，忽然，她说话了）

胡拉拉：老师，是我的。

旁白:这时的拉拉内心泛起波澜,她也不知道自己为什么会替江城“背锅”,考试倒数,再加上作弊,爸妈肯定又会暴跳如雷了,反正也是不争气哈!

(想到这,她嘴角露出了一丝不易察觉的笑)

老师:胡拉拉,你现在出去找班主任。本科考试,没有意外的话,你将得零分,政教处将通知你的家长,取消你本次剩余科目考试资格……

胡拉拉:我还正不想考试呢,终于可以不受煎熬啦!(拉拉故作轻松地打个胜利的手势,冲监考老师做个鬼脸,走了。而前排的江城,也不知道说什么或者做什么更合适了,只是用不解的目光看着胡拉拉的背影)

(下课铃响起,交卷时间到了)

老师:请同学们放下笔,收卷。

(校园里,江城拦着准备骑车回家的拉拉)

江城:胡拉拉,你为什么要帮我?

胡拉拉:谁帮你了,本姑娘只是考试无聊而已。再说了,你是好学生,因为这个,毁了前途,不值。反正,我学习也不好,零分也无所谓。(胡拉拉说完,甩甩头发,扭头走了,剩下江城一个人呆呆地站在那里)

旁白:拉拉因作弊受处分,父母也被叫到学校,通过和拉拉父母的沟通,刘老师了解到拉拉本来有不错的学习基础,因为和父母存在矛盾,才开始自暴自弃,对学习失去兴趣,以此和父母作对。刘老师和拉拉父母交流了和青春期的孩子沟通以及如何做孩子最好的支持者的方法,拉拉父母认识到自己对孩子爱和教育的误区,决心开始改变。父母开始理解拉拉,拉拉也感觉到了父母的变化。

第四幕

旁白:自从胡拉拉帮助过江城后,江城便天天来找胡拉拉,说要和她谈谈,拉拉每次都拒绝,甚至看到江城就跑。终于,在课外活动室,江城堵住了准备出门的拉拉。

江城:胡拉拉,你站住!(他拽了一下拉拉的手臂)

胡拉拉:你到底要怎么样？我说了,小事一桩,对我来说,没关系。

江城:我们能不能谈谈！关于将来,还有你的学习,我想只要你用心,一定能行的。你初中不是还考过班里的第一名吗?

胡拉拉:你胡说什么？我自己几斤几两,我还不清楚吗?

江城:我问过你初中同学,他们说之前你成绩挺好的。可是,上了高中,你变了,不把学习当回事了。我不知道为什么,但是,拉拉,你相信我,只要你想学,我帮你。

旁白:此时,拉拉目瞪口呆,不知道江城为何如此执着。

胡拉拉:以后的课外活动,我改成学习时间了,可以了吧,别天天跟着本姑娘了。(江城开心地笑了)

旁白:以后的一个月,两个人利用课外活动时间一起学习,拉拉上课开始认真听讲了,大部分作业也能独立完成了。

第五幕

(期中考试过去了)

学生乙:你知道吗？胡拉拉这次考试全班第十名。

学生甲:怎么可能？她向来都是倒数的料,你眼花了吧。

学生乙:不可能的,你听,班里同学都在说呢,班主任那里已经排出名次了。

江城:拉拉,恭喜你,这次考得不错,期末是不是想超过我呀。

拉拉:瞎说什么呢,想要超过你还有一段距离。

江城:就你,还想超过我。哈哈哈。(江城故意做个鄙视的动作,笑着走开了)

拉拉:好,你等着,看本姑娘如何让你败得彻底!

旁白:班主任刘老师及时表扬和肯定了拉拉的进步,还和拉拉做了推心置腹的谈话,鼓励拉拉发挥潜力,做一匹冲出班级的“黑马”。江城的鼓励和激将法也起到作用,拉拉越来越有信心,对于未来,她不再迷茫。高二期末考试,拉拉考到了班级第二名。

第六幕

女主播:后来呢？和江城怎么样了？

胡拉拉:高三上半学期,江城就转走了。

第七幕

江城:拉拉,我跟你说件事你要做好心理准备。

胡拉拉:你能有什么事,你说吧。

江城:我要转回老家读高三了。

胡拉拉:你一定要好好照顾自己,记住,本姑娘还会和你比成绩的!

江城:没问题,静候佳音!(胡拉拉笑着拍拍江城,示意他等着)

旁白:高三那一年拉拉始终保持着班级第一的位置,默默地和在另一座城市的江城比成绩。

旁白:高考前一天晚上。

胡拉拉:喂,江城,还敢和我比吗?

江城:嘻嘻,姑娘,您说呢？我怎么会怕你这个小丫头呢?(江城故作轻松地说)

胡拉拉:哈哈,好,晚安!

江城:晚安。(电话挂断)

第八幕

女主播:后来呢?

胡拉拉:我们都考上了大学,虽然不在一个城市,我们还是好朋友。现在的我很感谢当初的江城,是他“逼”我去努力,让我重拾了信心,去找回美好的自己,我很喜欢现在的生活。在这里,我还要感谢一个人,我们的班主任刘老师,感谢她给我及时的引导和帮助。有件事,是最近江城才告诉我的。

女主播:方便和我们分享一下吗?

胡拉拉:嗯。当年,江城忍不住作弊的内疚,去找了刘老师。刘老师没有责怪江城，因为她通过家访，知道了我的情况，便借此给江城一个“将功补过”的机会，他们还商定了帮助我学习的计划。那时候，我还纳闷，老爸老妈对我的态度怎么会360°大转弯呢？可能因为我将注意力转移到了学习上了，没特别在意，说到底，还是要感谢刘老师啊！我就说到这儿吧，谢谢！

女主播：感谢您的分享。谁的青春不迷茫！（背景音乐《我就是我》）谢谢大家今天的聆听，我们明天晚上九点半不见不散。

【点评】

这是一个关于青春的故事，2018年的新年流行词语就是“你的18岁”，而我们每个人的18岁几乎都在高中度过，高中这三年既是我们每个人努力拼搏奋斗的三年，又是感觉最迷茫、困惑和无助的三年，青春期的孩子们往往在这个阶段有着艰难的成长历程。就像剧中的胡拉拉，中考失利后上了一所普通高中，哪有谁一路走来都是顺利的，当拉拉遇到学习目标不清晰，学习动力日渐低迷的状态时又选择了和家长、老师对抗，这是一种青春期叛逆的现象，如果这时家长和老师不及时关注，孩子很快就会被接二连三的失落和打击击垮，从此一蹶不振。

而剧中的拉拉是幸运的。她有明智的父母，能通过和老师的沟通发现孩子的青春期叛逆，并及时关注孩子，在孩子遇到苦难挫折时给予鼓励和帮助。在学校她又幸运地遇到了细心和有爱心的班主任刘老师，在平时学习生活中及时发现拉拉的优点，让她感受到成功的喜悦。

青春期的孩子就像羽翼刚刚丰满的雏鹰，如果能够在内心彷徨、迷茫、困惑之时得到温暖的支持和鼓励，他们将会冲破迷雾，搏击长空。愿所有的孩子都能像拉拉一样，重整羽翼，青春远航！

主要参考文献

[1]邓旭阳,桑志芹,费俊峰,等.心理剧与情景剧理论与实践[M].北京:化学工业出版社,2009.

[2]高思刚.中小学校园心理剧[M].福州:福建教育出版社,2008.

[3]卡伦•霍尔奈.神经症与人的成长[M].张承谟,贾海虹,译.上海:上海文艺出版社,1996.

[4]奈.三种心理学:弗洛伊德、斯金纳、罗杰斯的心理学理论[M].石林,袁坤,译.北京:中国轻工业出版社,2000.

[5]石红.心理剧与心理情景剧实务手册[M].北京:北京师范大学出版社,2006.

[6]威尔金斯.心理剧[M].柳岚心,译.北京:中国轻工业出版社,2009.

[7]维吉尼亚•萨提亚.新家庭如何塑造人[M].易春丽,叶冬梅,等译.北京:世界图书出版公司北京公司,2006.

[8]周国韬.中小学校园心理剧活动再析[J].现代教育科学,2009(6):60-61.

后 记

这是一次不一样的编写经历，除去理论研究部分吸收了国内外相关的成果，本书的实践探索及剧本部分，字字句句都浸透了我们管城回族区心理教研组老师们在校园心理剧创编、演出、提升过程中的心血和汗水。笔者反复游走在文稿的字里行间，觉得很幸福，很有成就感，亲身经历过的人写出的文字才最真实，最有可信度。

本书的出版，得益于管城回族区各校心理教师的智慧和力量，大家提出了许多宝贵建议。在此，特别感谢管城回族区教育局领导的大力支持，感谢各校心理健康教育主管领导给本书提出宝贵意见。

笔者才疏学浅，如此果敢地编写，除了想与同行交流，还想起到抛砖引玉的作用，期待着更好的作品问世！

恳请同仁们不吝赐教，斧正拙著！